從說話洞察人心

摸透對方心理，把話說得恰到好處，
輕鬆駕馭人際關係

林萃芬 著

目錄

PART 2

操控人心的說話類型

PART 3

情人之間常見的說話方式

PART 4

各種不同人格特質的說話方式

PART 5

暗藏危險與死亡訊息的語言

推薦序一

說話是為了促進溝通，而不是打壞關係

——吳淡如（作家）

我和萃芬常常在潛意識裡一起去做同樣的事情、走相似的人生方向，我們曾經一起去參加過寫作營，當時兩個人都不知道彼此在現場；我去英國遊學時，她去美國遊學；她去國立台北教育大學念心理與諮商研究所，我去台大念EMBA。我們都擁有成長型人格，我無心插柳「人生實用商學院」投資電商、做Podcast，她也用最快的速度成爲優秀的心理工作者，還被選爲台灣前十大心理師，非常樂於在精神科診所做心理諮商的工作。

說話是爲了要促進溝通，而不是用來打壞關係的。很多人以爲能夠口若懸河一直講話，就是會說話？

人際關係通常不是被不說話打壞，而是被亂說話打殘；偏偏這些人還都以爲自己擅於溝通！如果你搞不清楚什麼該說什麼不該說，那麼你可以學一學書中講述，請深呼吸只要用心觀察，先了解他人的說話風格，可以視場合特質、聽眾類型而調整；溝通要達成共識，除了思考怎麼講才有效果外，也要走入對方的內心世界了解他的想法與期待；想要過得幸福，與其找藉口、怪命運，不如從說話洞察自己和別人的心理。

推薦序二

當你的心正了，你的語言也會跟著正

——劉軒（正向心理學專家）

仔細回想，我跟林萃芬的友誼居然要回溯到上個世紀了。

當時我還在哈佛就讀心理研究所，聽說有位台灣記者想要飛來美國採訪我。那時候的我接受過不少採訪，但這還是第一位想要親自大老遠飛來波士頓、在我眞實生活的場景下與我對談，就只因爲她想完成一個更深度的人物專訪。

林萃芬個子小小的、睜著一雙好奇的大眼睛，對所有的事情都露出欣喜的表情。當時在爲期數天的採訪中，我帶她去我平常上課的地方、走訪了我經常去的咖啡店和唱片行，也帶她參訪我當時身爲會員的哈佛會所。很感謝她當時堅持親自走一趟波士頓，她的問題也讓我對自己做了一番內心的整理。

沒想到二十幾年過去，當年訪問我的記者，現在已經是一個經驗豐富、鼎鼎大名的諮商心理師了！

當記者跟心理師其實有個重要的共通點——「懂得傾聽的藝術」。傾聽，不只是聽懂對方說的字句，你要仔細聽，才能聽見字句背後的弦外之音。而心理師更需要用心傾聽，才能聽見話語間挾帶的情緒，甚至從中獲得蛛絲馬跡，讀出與談人的感受和人生故事。而我對林萃芬最深刻的印象就是：「她是一位非常擅長傾聽的朋友。」我想她能夠在職涯中成功轉行爲諮商心理師，就是因爲她這方面的才華。而且，她不但能聽出一個人內心眞正想說的，還能透過文字幫助人重新理解並療癒自己，無怪乎她能夠在心理諮商領域持續發光發熱。

過去，我知道她因爲精準的表達能力，而時常受邀在一些媒體上分享知識，展現她豐厚的心理知識。但這本《從說話洞察人心》更可以看見她把不同類型的心理知識系統化整理、梳理脈絡的功力。她將大量的人格特性、心理狀態都濃縮、彙整出精華在這本書，說實在，我認爲這本書的豐富度幾乎都可以編輯爲三～四本書了！書中不僅涵蓋職場、愛情中的溝通，甚至還談及一些較邊緣型的性格，比如：有潛在暴力傾向、可能傷害他人的個性等等。

本書最獨特的切入點是：林萃芬會從不同的性格出發，彙整出這類性格可能掛在嘴邊的口頭禪、常用語句，由此作爲切入點讓讀者更好聯想。我相信只要是有點社會歷練的讀者，本書中許多章節開頭的語句，一定都會讓你十分有感，因爲那些話你一定聽過，甚至可能自己也說過。點出容易出現的口頭禪後，林萃芬緊接著會從心理學角度分析這些語句背後的心理狀態。但她絕不會嚴厲批評，她的文字總帶著理解，客觀分析這些心態背後可能代表的過往創傷，以及因創傷而產生的價值偏誤。最後，她也會給出非常實際的建議，幫助讀者可以調整心態。

「當你的心正了，你的語言也會跟著正。」

我相信，在與人溝通中，或者你苦惱自己爲何總陷在同樣的關係瓶頸……種種議題，都可以在這本書裡，找到一些建議和答案。另外，如果你喜歡寫小說或劇本的人，這本書相信對你也會很受用！這本書幾乎像個對白的心理字典，你可以翻閱、對照筆下角色的心理狀態，看看這樣的人可能會說出什麼話，勢必會讓創作的台詞更加到位、引人共感。

最近有幸邀請林萃芬上我的 Podcast 節目《劉軒的 How to 人生學》來聊自戀型人格，她在訪談中的分享依然展現讓人驚豔的條理分明且富有見地。我身邊有不少朋友聽了那集深受啟發，感覺茅塞頓開。我相信，這本書也會給你同樣醍醐灌頂的感受。

總而言之，我非常推薦此書，也很高興在認識林萃芬近三十年的時間中，能見證她從當年「擅長傾聽的人」，一路到現在能把她傾聽的才華繼續發揚光大，甚至現在還能把她對人性的觀察和智慧化爲文字與大家分享。我已經可以預見這本書後續的影響力，以及能對許多人產生的幫助了！

自序

從一個人的「說話語言」，聽出多重心理線索

心理諮商的過程，就是透過「語言」去建構當事人的主觀世界。常常一邊聆聽當事人的故事，一邊釐清當事人眞正的困擾是什麼，然後慢慢整理出當事人的邏輯、想法、價值觀，再抽絲剝繭找出隱藏在背後的心理議題，接著摸索出療癒心靈的有效方法。

從一個人的「說話語言」，可以細細聽出許多心理線索，有助於走進對方內心世界，進行深度的溝通。

舉個例子來說，同樣開場是「大家都……」，但背後的心理動機卻完全不同。

大家都這樣做，為什麼只說我

「大家都這樣做，爲什麼只說我」說這句話的人很可能正在啟動防衛機轉，爲了避免自己的心理受到傷害。這個時候，如果想跟對方溝通，就需要先降低對方的防衛心理，不

然很可能越解釋，對方情緒越高漲。

大家都到了，只差你一個人

這句話要看說的人是在什麼狀況下說的，不妨先查證一下，才能做出正確的判斷。譬如，曾經有個朋友的長官跟她說：「大家都到了，只差你一個人，趕快過來。」等她匆匆忙忙趕過去，才發現「大家都沒到，只有她一個人到了」，差點受到性侵害。

所以，當一個人說：「大家都到了，大家都會來。」有可能是眞實的狀況，也有可能是「想降低別人的防衛」，爲了安全起見，事先確認狀況，就不會事後懊惱。

大家都知道

這句話很可能是「曖昧溝通」，言下之意是「只有你不知道」或是暗示對方「大家都知道，爲什麼你會不知道」，也因此，聽完這句話的人接下來大多會急著說明「我眞的沒有收到訊息」，內心充滿被誤解的委屈。

大家都討厭我

說這句話的人很可能是「自己討厭自己」，如果把「對自己的感覺」投射到別人身上，就會常常覺得「大家都討厭我」。

大家都買了

這句話運用的是「從眾心理」，不斷強調「大家都有」，讓消費者擔心「大家都有只有我沒有」，恐懼自己會因此被排擠，需要透過擁有相同的物品來感覺自己跟別人一樣。

爲了讓大家覺察自己跟別人的說話方式，書中的每一種說話方式都做成「測驗的勾選」型式，相信很快就找到經常聽到或習慣使用的說話用語。

想要人際互動順暢，了解自己的「說話風格」是很重要的，無論是諮商或演講的過程中，我常會幫當事人評量「說話風格」，清楚自己的說話風格和效果後，自然能夠使用適合的語言，達到良好的溝通效果。

如果想了解語言背後的眞正意涵，在這本書中，也深入淺出分析各種常常聽到的說話方式，除了說明語言背後的心理動機外，也整理出不受傷害的應對方式。

聽懂別人話裡的「弦外之音」

訊息解讀錯誤，非但製造緊張衝突，更會刺傷彼此心靈，讓人生徒留遺憾。

有天夜裡，住在我家隔壁的一對母子發生激烈的爭執，哭泣聲混雜著吼叫聲，正想一探究竟，突然他們家窗子「嘎」的一聲推開，那位母親激動地叫著：「我被你氣到腦衝血，你的所作所爲就是要逼我去死，對不對？那我現在就死給你看。」一邊說還一邊做出跳樓的姿勢。

爲了避免悲劇發生，我決定先報警，再仔細聆聽這對母子爭吵的原因。

氣憤的母親這時又轉過頭去，繼續怒罵兒子：「我眞是命苦，怎麼會養出你這種自暴自棄的小孩？」

看到母親採取如此強烈的手段，兒子完全不爲所動地回應：「你以爲考試很容易嗎？那你自己去考考看，保證你抱鴨蛋回來。」

母親似乎被兒子氣到忘了要跳樓，她轉過身去，對著兒子說：「你認爲我沒有唸過書嗎？」

兒子用激將法的語調說：「那你考給我看啊！就不相信你會考多高分。」

聽到兒子的答案，母親不禁悲從中來，哭著說：「你知不知道我賺錢養你有多辛苦？我眞是太失望了，花那麼多錢請家教，你還是學不會。早曉得你現在這麼壞，當初就把你餓死算了。」

兒子一點都不領情，語氣很衝的反駁：「好啊！你不要給我吃東西，餓死我啊！」

母親的情緒再度被兒子挑起，憤怒地咆哮：「我就是犯賤，幹嘛養你這個寄生蟲，你乾脆出去外面流浪，當個沒人管的野人。」

兒子也不甘示弱，立刻反擊：「你每天一見到我就罵我，我才不想住在這裡，我要去婆婆家住，再也不要回來了。」

母親用一種看好戲的口吻說：「哼！婆婆那麼老了，哪有錢養你？哪有錢給你亂花？」

兒子則自我防衛地說：「我哪有亂花錢？」

母親開始算舊帳：「怎麼沒有？你昨天買的那雙球鞋，不用花錢買嗎？」

這個時候，電鈴響了，警察來了。這場脣槍舌戰的爭執終於暫時告一段落。

聽完這對母子的爭吵對話，真的令人感觸良多。在那位母親怒罵與責備的背後，其實隱藏對兒子的關懷與期待；可是，她卻使用負面的表達方式，結果當然只會激起兒子的叛逆與不屑。

至於兒子，由於聽不懂母親話中的關懷與愛意，便選擇用最叛逆的話語反擊回去，自然會讓做母親的氣到做出非理性行爲。

無論我們多疼愛、多關心、多在乎一個人，選擇錯誤的說話方式來表達情感，對方都接收不到；同樣的，聽不懂別人話裡隱藏的含意，也很容易形成誤解，導致衝突對立。

想要有效溝通，最重要的，就是要聽懂對方話語中的弦外之音，了解對方內心的心理、感受、想法，調整好彼此對話的頻道，再開始溝通，才能順暢。

學習換個說法

另外，在這本書中，我特別整理出「換個說法」。一個人要改變說話方式，首先要「自我覺察」，記錄自己在什麼狀態會有什麼感受？會說什麼話？這個步驟稱爲「自我引導法」，適用於想要「增強能力」或「自我改變」的時候。

接著，找出話語背後的想法：「何以自己會這樣說？」或是會聯想到什麼？像是說這段話想要表達的重點是什麼？想要達到目的是什麼？以及想要改變的現象是什麼？

最後，學習使用「新的說話方式」，來替代舊的方式。並且反覆練習，形成一種新的說話模式。

摸透對方心理，把話說的恰到好處，就能輕鬆駕馭人際關係。

PART 1

了解說話風格與溝通類型

Observe people by speaking

測驗

你是屬於哪一種說話風格？

想要人際互動順暢，了解自己的「說話風格」是很重要的，無論是諮商或演講的過程中，我常會幫當事人評量「說話風格」，清楚自己的說話風格和效果後，自然能夠使用適合的語言，達到良好的溝通效果。

評量自己的「說話風格」

以1～3分，為自己打個分數：

1＝絕非如此

2＝普通

3＝精通於此

清楚自己的說話風格和效果嗎？

1～3分，為自己打個分數：＿＿＿＿

別人認為你是個樂於支持和幫助的人嗎？

1～3分，為自己打個分數：＿＿＿＿

你是否鼓勵別人跟自己溝通？

1～3分，為自己打個分數：＿＿＿＿＿＿

上面這個簡單的「說話風格評量」，屬於自我評量，做完評量後，可以自己進一步探索說話風格的優點和缺點各是什麼？

如果想要從不同角度了解自己的「說話風格」，可以提起筆來做做下面這個測驗，或許會對自己的說話風格有更多的覺察。

你是屬於哪一種說話風格？

※測驗開始

請根據真實感覺作答。

1. 來到一個陌生的環境，你通常會採取哪種社交之道？

Ⓐ默默躲在角落，等待熟人出現。

Ⓑ覺得渾身不對勁，找機會離開現場。

Ⓒ直接跑去詢問主辦單位，其他訪客的背景資料，順便自我介紹，希望主辦單位能為你引薦重要的貴賓。

Ⓓ不等主人招呼，主動跟其他賓客寒喧聊天。

2. 剛買的新衣服，回家後才發現背後破個洞，你會如何處理？

Ⓐ自認倒楣，再也不去那家店買東西。

Ⓑ麻煩認識店家的朋友幫忙退貨。

Ⓒ隨即衝去店家，要求對方退錢，並且加強品管。

Ⓓ在退貨期限內拿去更換新商品。

3. 在全面禁菸餐廳裡，偏偏隔壁桌的客人無視禁菸規定，照常拿菸出來抽，這個時候，你會怎麼反應？

Ⓐ忍「氣」吞「煙」，期待有人站出來糾正抽菸者。

Ⓑ自行換桌，或私下請服務生告知抽菸的客人。

Ⓒ大聲警告吸菸者：「餐廳內禁止吸菸，請不要抽菸，不然要被罰款。」

Ⓓ禮貌提醒對方：「這裡是禁菸區。」若對方不理會再請服務生協助處理。

4. 逛街的時候，不小心撞了別人一下，你會怎麼辦？

Ⓐ不管是誰撞到誰，都立刻和對方說：「對不起。」

Ⓑ假裝沒事，快步走開。

Ⓒ覺得是對方撞到自己。

Ⓓ確認狀況後，再表達歉意。

5. 跟朋友們相約聚餐，你多半會選擇下面哪種點菜方式？

Ⓐ請朋友們點菜，就算自己有喜歡吃的菜餚，或是不愛吃的食物，也都不好意思說出來。

Ⓑ請朋友們先點，最後再補點幾道自己愛吃的菜。

Ⓒ馬上拿起菜單，看看有哪些自己喜歡吃的菜。

Ⓓ請在場的每個朋友各點一兩道喜歡吃的菜。

6. 當朋友開口跟你借錢時，你會如何應對？

Ⓐ即使心中百般個不願意，依然努力籌錢借給對方。

Ⓑ謊稱剛借給家人一筆錢，現在手邊沒有閒錢。

Ⓒ立刻垮下臉來，不悅的表示：「生平最討厭碰到借錢的人。」

Ⓓ先了解對方借錢的原因，再衡量自己的能力，以及對方過去的信用，然後決定借或不借。

7. 需要別人助自己一臂之力時，你會怎麼表達？

Ⓐ希望周遭的人能夠覺察自己的需要，主動伸出援手。

Ⓑ覺得世態炎涼，大部分人都「自掃門前雪」，即便對外求援，也得不到什麼實質

的幫助。

Ⓒ認為親朋好友本來就有幫忙的義務，乾脆直接指派他們做事，比較快速。

Ⓓ會跟朋友訴說自己遭遇的困難，然後看看誰可以提供支援。

8.正忙得焦頭爛額之際，卻碰到朋友心情低落，跑來找你傾訴，這個時候你會怎麼辦？

Ⓐ朋友有難，當然要放下手邊的工作，陪伴對方紓解情緒。

Ⓑ表面上好像在傾聽朋友訴苦，實際上在思考剛剛進行的事情該如何處理。

Ⓒ責備朋友「沒事找事」，要求對方「照著自己的建議去做」，馬上就沒事了。

Ⓓ坦白告知朋友，自己目前的狀況，等忙完手邊的事情，才能專心聆聽對方的心聲。

9.明明自己沒有做錯事情，可是全部的人都把矛頭指向你，責備你不夠小心，這個時候，你會採取下面哪一種應對方式？

Ⓐ低頭不語，任由別人指責。

Ⓑ關掉聽覺，充耳不聞也不做任何解釋。

Ⓒ憤怒反駁在場的每個人「不辨是非」搞不清楚狀況。

Ⓓ試圖說明事情的來龍去脈，以及自己的立場和處置方式。

10.開會時，當自己的意見跟別人不一樣，你會怎麼做？

Ⓐ立刻放棄自己的想法，附和別人的意見。

Ⓑ不想花時間跟別人討論，最簡單的解決之道就是「沒有意見」。
Ⓒ覺得自己的見解最有道理，會努力說服別人支持自己的觀點。
Ⓓ雖然會闡述自己的理念，但同時也尊重別人的看法。

※結果分析

大部分答案都落在Ⓐ者，說話風格屬於「壓抑忍讓型」。

與人相處的時候，你大多不敢直接表達自己的需要，也不敢說出真正的想法，導致別人常會誤以為你「什麼都好說」，其實你是把喜好放在心裡。由於過度忽略自己的感受，所以你常會莫名地覺得「很委屈」，當不滿的情緒達到飽和點，即有可能會引爆你的情緒，但讓你覺得更委屈的是，別人非但不覺得你「壓抑忍讓、受盡委屈」，反而認為你「變得情緒化」，或是「不像以前那麼好相處」。

所以，「忍耐功夫」越好的壓抑忍讓型，人際關係越容易「不被理解」，要發展健康舒服的人際關係，記得要適時、主動地說出自己的想法、喜好與需求，而不要期待別人會「站在你的立場為你著想」。

大部分答案都落在Ⓑ者，說話風格屬於「疏離逃避型」。

與人交往的時候，疏離逃避型的人很害怕背負壓力與責任，多半抱持「事不關己則不管」的人生哲學。儘管疏離逃避型的人也多半不愛表達自己的想法和感受，但與壓抑忍讓型不同的地方是，疏離逃避型的人往往認為「多說多錯、不說不錯」，所以選擇「不說」比較安全。

另外，「躲開衝突」也是疏離逃避型的求生本能，如果聞到麻煩的味道，往往會習慣性關閉聽覺與溝通的大門。也因此，人際關係大都較為疏離，很少跟別人說出心裡的話，也較不容易跟別人建立緊密的關係。

大部分答案都落在Ⓒ者，說話風格屬於「主導控制型」。

對主導控制型的人來說，大部分的人際關係都要在自己的掌控下進行，才會覺得安心。所以，主導控制型的人會主動結交對自己有幫助的朋友，積極爭取對自己有利的人際資源。可是，人際溝通時如果太過積極主導，很容易形成壓迫感，讓別人想要逃離主導型的控制範圍。想要建立長久的人際關係，除了以自身的利益為出發點外，同時也要設身處地為別人著想，多方體會別人的感受，允許別人有選擇的空間，總之，給別人越多的尊重，越能拓展寬廣的人脈，讓溝通更圓融順暢。

大部分答案都落在Ⓓ者，說話風格屬於「尊重開放型」。

尊重開放型的人會誠實說出自己的想法，也認同別人可以有相反的意見，不會強迫別人照著自己的建議去做。與人溝通時，尊重開放型的人比較有商量的彈性，會依據別人的需要調整自己。

想想看，跟別人溝通時，自己大部分時間都覺得輕鬆自在？亦是緊張不安？還是悶悶不樂？要建立長久健康的人際關係，溝通時不僅要同理別人的感受，也要照顧自己的心情；不僅要幫助別人度過難關，也要協助自己向外求援；不僅要有親密交流，也要保持適度的人我界線，這樣才不會把別人的焦慮壓力纜在自己身上接下太多的人情壓力。

從「最常掛在嘴上的話」了解溝通模式

□這都是我的錯。
□沒有你，我就一無是處。
□我想讓你開心。
□算了，我不重要。
□以你們的意見為主。
□我覺得很無助。
□如果不是因為你，我們早就完成了。
□為什麼你從來不怎麼樣做。
□為什麼你老是這樣。
□都是你的錯。
□你永遠做不好任何事情。
□你們覺得我講的有沒有道理。

□我講的話都是根據客觀的事實。
□理性思考才有助於解決問題。
□你太情緒化了。
□會任意打斷不感興趣的話題，只想把談話焦點拉回自己身上。
□還有更有趣的、更誇張的。
□這裡沒有我的位子。
□我突然想到什麼
□我是可愛的。
□我可以為自己負責。
□以現在為重心。

上面這些話聽過或說過嗎？先勾選出自己「最常掛在嘴上的話」，就能夠知道自己的溝通模式。

人與人之間的相處，很像在打乒乓球，每個人都有自己習慣的「溝通球路」，如果能夠熟悉自己與別人的溝通模式，互動起來自然更得心應手。

根據美國最有影響力的家庭治療大師薩提爾的觀察發現，人們在溝通的時候，常會出現下面這幾種固定的溝通型態。

討好型的溝通模式

討好型的人總是用逢迎的方式，努力取悅、贊同別人；不管別人要求什麼，他們都回答：「好啊。」「可以啊。」「沒問題。」「我想讓你開心。」

雖然他們的身體是一副討好的姿勢，可是內心深處卻強烈覺得「沒有人喜歡我」，或「我是一個沒有價值的人」，才會凡事順從，希望別人會因爲他們的「乖巧聽話」，而接納疼愛他們，他們常會說：「沒有你，我就一無是處。」

也因此，討好型的人常會忽略自己的重要性。舉例來說，大家在開會討論的時候，他們常常會說：「以你們的意見爲主。」或是「我的意見不重要。」久而久之，大家就會認爲他們是「沒有意見的人」，而眞的忽略他們的聲音和想法。

由於討好型的人常會說：「算了，我沒有關係。」如果只聽他們表面的語言，就會以爲他們很隨和，無論別人做什麼他們都接受，但其實，討好型的人還是有他們受不了的底線，倘若有人不明所以，不斷挑戰他們的忍耐極限，他們內心還是會發火生氣，只是沒有表現出來。

原本討好別人是爲了獲得對方的疼愛關心，但結果往往事與願違，越討好對方反而對自己越不好。這是因爲討好型的人會以爲「我對你好，你就會對我好」，卻忽略了「正向表達情緒」的重要性，如果沒有告訴別人自己介意的地方，別人自然不會知道。

表現在行爲上，討好型的人常會對人過度和善，總是跟別人道歉，乞求別人的諒解，不斷的讓步。所以，常會聽到討好型的人用懇求的語氣說：「我覺得很無助。」

討好型的人也很容易自我責備，當事情沒有做好的時候，他們會覺得：「這都是我的錯。」過度承擔責任，有時候會壓垮討好型的心理健康，而有憂鬱的傾向。所以，當討好型的人開始講下面這幾句話的時候，就代表他們已經快要到忍耐的極限了。

※「你覺得好就好。」

※「我覺得這樣不太好。」

※「我覺得你不尊重我家人。」

聽到這幾句話，最好趕快調整應對方式，或是安撫一下討好型的情緒，或是多了解討好型的期待是什麼，不然，接下來討好型的人可能就會選擇撤退。

討好別人，難免委屈自己；我常會接到討好型朋友的求救電話：「可不可以麻煩你去幫我跟某人解釋，我無法勝任他交付的任務。」何以不自己當面講個清楚？原因多半是：

「我開不了口。」對討好型的人而言，「拒絕別人」就等於「斷絕關係」，會讓他們產生高度的焦慮感。

還有些人是「選擇性討好」，只討好有利害關係的人，長官交代的事情，他們赴湯蹈火在所不惜。一般而言，會討好上司的人，一旦自己成爲上司，也會希望下屬討好自己，如果下屬沒有依照他對待上司的方式對他，就會覺得下屬「不尊重自己，沒有把自己當上司看」。

責備型的溝通模式

責備型的人處處表現很優越，無論對任何事情都要批評兩句。他們最常掛在嘴上的話是「如果不是因爲你……」，或是「爲什麼你從來不怎麼樣做」、「爲什麼你老是這樣」、「都是你的錯」。

和別人溝通的時候，他們總是處在防備狀態，全身的肌肉和器官都緊縮僵硬，呼吸急促、喉嚨緊縮、聲音大而尖銳、眼睛突出、臉部漲紅。

有對夫妻朋友，結婚多年，各自都有事業。兩個人在交往期間，先生就知道太太講話不留情面，但還能接受。結婚之後，太太對先生的口氣越來越不耐煩，最常聽到太太掛在嘴上的話是：「你太浪費了。」或是：「你太小氣了。」有次先生買麵線給太太吃，太太吃不完就責備先生：「你太浪費了，不應該買大碗的，浪費錢又浪費食物。」經過這次教訓，先生下次特別記得要買小碗的，不料太太吃不飽又開罵：「你怎麼如此小氣，害我吃不飽。」

無論先生多麼努力討好太太，太太還是覺得先生「做什麼都做不好」，雖然先生覺得很委屈，但都忍下來，直到有一次，先生終於無法再忍耐。導火線是婆婆從鄉下上來，還扛著一袋自己家種的水果，才剛放在餐桌上，太太一看到婆婆就開始責備：「鞋子這麼髒，怎麼亂放。」接著又對著婆婆吼說：「水果這麼髒，怎麼放在餐桌上。」先生聽到太太的責備後，立刻帶著婆婆離開，再也沒有回來。

上述太太的溝通模式就屬於責備型，而先生則屬於討好型，責備型的人很容易忽略別人的感受，同時也會忽略情境，像上面的情境，如果先生自己受委屈還可以忍耐，但若連累自己的家人受屈辱就無法接受，很常聽到討好型的人會說：「我自己就算了，但不能讓家人被欺負。」

儘管責備型的人外表強悍，內心深處卻藏著「寂寞」和「不成功」的感覺，所以才要藉著「大聲」與「專制」來否定打擊別人，只有讓別人服從，他們才能感受到自己的價值。

電腦型的溝通模式

電腦型的人很喜歡長篇大論的跟別人分析事情的來龍去脈，他們最愛用冗長的句子，來表現過人的智慧，會認爲自己講的話都是根據客觀的事實，是有所本的，也因此，他們很常掛在嘴上的話是：你們覺得我講的有沒有道理。

由於電腦型的人常會忽略自己和別人的感受，所以，他們常會覺得「感性」、「感受」是不重要的，理性思考才有助於解決問題，他們會把關注力放在：事情合不合乎規定，或是作法正不正確。

在做員工心理諮商的過程中發現，很多公司制定政策的人都是屬於電腦型的人，所以他們會引用科學數據強調：新的政策解決問題的效果有多好，會對公司帶來哪些實質收益，卻忽略同仁的情緒反彈，所以，當同仁抗爭的時候，電腦型的人就會認爲同仁太過情緒化。

表現在行爲上，電腦型的人身體姿勢很僵硬，面部表情多半看起來很優越的樣子，語氣也傾向理性平穩，做事態度一絲不苟。

雖然電腦型的人表面看起來冷靜理智，其實內在「很容易受到傷害」，因此才需要努力表現出「穩定、鎮定」的樣子，不喜歡有人反駁他們說的話。

打岔型的溝通模式

打岔型的人有兩種不同的模式，一種是「答非所問型」，他們對別人所說的話，和所做的事，都掌握不到重點。與別人溝通的時候，他們也常文不切題，會不停地兜圈子，說些風馬牛不相及的話。

舉例來說，開會開到一半，打岔型的人會突然問說：「等下中午要吃什麼？」或是提到：「昨天的綜藝節目在講些什麼，讓大家不知道如何回應。」

另一種是「引人注意型」，爲了贏得別人的關心，他們會任意打斷不感興趣的話題，只想把談話焦點拉回自己身上。如果聽眾很捧場，他們也會加碼演出：「還有更有趣的、更誇張的。」

表面上他們總是動個不停，完全忽略別人的存在；然而內心深處卻是覺得「沒有人在乎我、關心我」，他們常常會說：「這裡沒有我的位子。」由於內在感覺昏亂，以致溝通缺乏焦點。

諮商的過程中發現，打岔型的人很容易岔開話題，敘述事情的時候往往會偏離主題，他們很常說：「我突然想到什麼。」也因此，跟打岔型的人溝通時需要不斷拉回主題。打岔型的人若要改掉插嘴的毛病並不難，方法是隨時提醒自己：「耐心專心聆聽對方講話。」等對方告一段落，或對方喘口氣時再接話，就不會變成打岔型的人。

另外，打岔型的人在聆聽訊息的時候，很容易曲解別人的意思，所以，最好要確認「自己傳達的訊息」跟他「接收的訊息」是不是一致的，溝通才不會造成誤會。

一致型的溝通模式

一致型的溝通者全身上下發出的訊息，包括肢體語言、腦中想法和聲音言詞，都朝同一個方向走。

一致型的人可以兼顧自己、別人和情境，換句話說，在「自我」、「感受」和「生命力」都是整合的，人際脈絡也是調和順暢的。也因此，一致型的人會覺得：「自己是可愛的。」「我可以爲自己負責。」「以現在爲重心。」

儘管「心口合一」比較容易跟別人建立眞誠的接觸，但是要做到「表裡如一」的境界，不僅要對自己有信心，不害怕講錯話得罪對方，也要對人性有把握，不擔心對方會攻擊自己，才能無所保留的呈現眞實我。

現在，是否能夠從自己「最常掛在嘴上的話」，找到自己的溝通模式？當你了解自己與別人的溝通模式後，自然比較容易「自我調整」；相對的，當你理解別人的溝通型態後，也比較容易找出和對方的相處之道，讓人際交流通暢無阻。

換個說法：將「責備型語言」轉成「思考性語言」

用命令和威脅的口吻責備對方、糾正對方的行爲，不可否認，有時效果眞的很好，雖然對方會照著自己的意思做，但卻會累積氣憤的情緒，爲了平衡情緒對方可能會偷用不符合自己期待的方式做事，來奪回一些掌控感。

因此，使用責備性語言溝通、交代事情，無疑是在引誘對方對抗自己。最常見的責備性語言有三種命令的類型：

※當主管指導同仁該做什麼的時候：「你現在就去……」

※當父母斥責孩子不可以做什麼的時候：「你不准做什麼……」

※當情人威脅另一半的時候：「除非你……，否則……」

所以，想要降低對方的防衛心理，可以使用「思考性語言」，來引導對方的行爲方向，更有助於完成任務。

而「思考性語言」的說法是：

※允許對方：「當你做完什麼，接下來可以如何……」

※說明自己會爲對方做些什麼：「等你完成……，我很樂於爲你做什麼……」

※讓對方知道：自己會提供什麼資源或協助？

舉例來說，當孩子口氣不佳的時候：

責備性語言：「不要用那種語氣跟我說話。」

思考性語言：「我感受到你有情緒，等你沉澱一下，我很願意聆聽你的想法。」

諮商的時候，如果遇到防衛機轉很高的當事人，有時候我也會使用思考性語言，給對方時間思考、沉澱一下，再開啟談話。

此外，也可以提供選擇性的說法，讓對方選擇，較容易達成共識。

※「我很樂於讓你去做……」

※「儘管去做……」

※「你想要做……，還是……」

※「如何進行對你最好？」

舉個例子來說，如果要邀約年長父母出去走走，而對方意願不高的時候，就可以使用「選擇性的說法」。

※命令口氣：叫你出門走走，你就跟著走就對了。

※責備口氣：你很囉嗦，以後別怪我不帶你出門。

※找孫子、孫女邀請長輩出去走走：婆婆、公公跟我們一起去嘛，少了你們就不好玩了。

※選擇策略：想去公園走走？還是去百貨公司逛逛？

通常效果都很好，可以讓對方降低抗拒，欣然接受提議。

從抱怨了解對方的心理需求

☐你根本就不愛我。
☐我完全感覺不到你的愛。
☐你都不關心小孩，把所有教養小孩的責任都推到我身上。
☐白養孩子了，沒一個孝順我的。
☐身體不舒服，都沒有半個人關心我，沒有人在意我的死活。
☐主管對我不公平，總是把最難做的工作交給我。
☐老闆常常對其他同事微笑，對我就只會擺出一張老K面孔。
☐公司爛死了，什麼都用最爛的。
☐如果我爸爸有權有勢，別人就不敢欺負我了。
☐以前的都比較好，現在什麼都不好。
☐每次都這樣，他從來不問我的意見，就自作主張。

上面這些話語聽過或說過嗎？如果有的話，就代表需要了解「抱怨」背後的心理需求

是什麼。

有次在停車場尋找車子的芳蹤時，巧遇一個許久不見的朋友。雖然只有短短幾年沒聯絡，朋友不但結婚了，連孩子也生了，不像以前總是一個人獨來獨往，現在的他身旁多了一位婀娜多姿的嬌妻，以及一個活潑好動的兒子。

看朋友氣色紅潤，穿著時髦，我發自肺腑地讚美他：「哇！你眞是越變越年輕了。」

不料朋友的嬌妻卻在一旁氣憤地說：「我的『精氣』都被他吸走了，他當然越變越年輕了。」

朋友一臉尷尬，不知如何接口；我則在心裡思索，何以朋友的妻子會有如此激烈的抱怨？基於對女性的同理心，我直覺朋友的妻子並非「隨口抱怨」罷了，而是她的內心累積了大量的「不安全感」，深怕自己結婚之後會年華老去，才會一找到機會，就宣洩心中的不滿。

據我多年的聆聽經驗，很多人在抱怨一個人或一件事時，往往不光爲了發洩「心中的不滿」，更夾帶了「心理的需求」，如果聽不出來，便會覺得這個人怎麼老是抱怨同一件事情？

下面這幾個常聽到的「抱怨」，背後都暗藏了一個「心理需求」，有時連當事人都不了解自己何以會抱怨個不停？

抱怨「另一半不愛他」的人

有個朋友的丈夫動不動就跟她抱怨：「你根本就不愛我。」甚至在她上班、作家事、帶孩子累得精疲力竭之際，丈夫仍然對她開炮：「我完全感覺不到妳的愛。」

朋友覺得非常寒心，每天為丈夫辛苦地洗衣做飯，小心伺候丈夫的情緒，如果這樣還不算愛他，到底要怎樣做才算愛他呢？

和他們夫妻聊過天後，我發現，朋友的丈夫非常喜歡跟妻子訴說事情，會鉅細靡遺地把每天經歷的細節：碰到什麼人、發生什麼事、講過哪些話，從頭到尾交代一遍。

可是，朋友回到家不是忙著作家事，就是忙著帶孩子，空檔還要回親戚朋友的訊息電話，完全沒時間聽丈夫講話。丈夫憋了滿肚子的話找不到人傾訴，自然會抱怨妻子不夠愛他。

倘若你的另一半也經常抱怨「你不愛他」的話，很可能他希望你「換他喜歡的方式愛他」。

服務業有句名言，顧客「不在乎」的地方，你再努力服務都沒有用；顧客「在乎」的地方，則要投其所好，他才「感覺」得到你的用心。和親密愛人相處也一樣，對方不在乎的事情做再多他可能都接收不到，需要用另一半習慣的方式表達愛意，他才能感受得到。

抱怨「另一半不照顧孩子」的人

我認識一個女性朋友，幾乎每次聚會都會跟我們抱怨她老公：「老公都不關心小孩，把所有教養小孩的責任都推到我的身上。」

受到朋友的影響，我們都把她老公想像成「夜不歸營、不負責任」的爸爸形象。直到一次偶然的機會，我們親眼目睹她老公和孩子的互動情形，才發覺，實際情況似乎與朋友的抱怨有很大的出入，她老公非但沒有把全部的教養責任都推到她身上，還跟孩子玩成一片，父子感情頗為融洽。

經過一段時間的觀察，我終於聽懂朋友的抱怨，原來她眞正想抱怨的是「老公不關心她」，同時也懷疑她老公有外遇，才會不斷跟別人抱怨老公「不關心孩子」。

抱怨主管不公平

有個朋友從小就覺得命運之神對他特別不公平，他總是認爲：「如果我爸爸有權有勢，別人就不敢欺負我了。」

每當生活中有不如意的事情，朋友便會歸因於「不公平的命運」：「老天爺對我太不公平了，讓我出生在這麼差勁的時辰，注定做什麼事情都比別人辛苦。」

還有個朋友不僅要求上帝必須公平，父母必須公正，更期待所有的人都要對他一視同仁。抱著這種的信念和別人相處，導致他會隨身攜帶一個隱形天秤，隨時測量別人是否對他公平？

「我的老闆最不公平了。」究竟是受到什麼差別待遇，讓他如此憤恨不平？提起上司的不公事蹟，朋友就像打開備忘錄，每一件事情都記得清清楚楚。

「我老闆對其他同事都會親切地說聲『謝謝』，唯獨對我不會；無論我爲他做多少事情，他從來沒有親口跟我說聲『謝謝』。」

「老闆常常對其他同事微笑，對我就只會擺出一張老K面孔。」

「不只這樣，老闆分配給我的工作都是難度高、表現少的，有好的表現機會他都留給那些嘴巴甜的諂媚鬼。」

每次聽朋友的抱怨，我都有一個疑問，既然老闆處事不公，何以不主動爭取公平合理的待遇？而讓自己陷在不平衡的情緒中打轉，看任何事情都不滿意。

世界眞的有「公平法則」嗎？即使有，這個法則又該由誰來訂定才算公平呢？

想消除委屈不平的情緒，就要試著放掉心中的「公平法則」，接受「世界沒有絕對公平」的現實。人生的確存在很多不公平的事情，覺得自己沒有受到公平的待遇時：

※努力工作的成績卻被同事搶走功勞。
※誠心誠意對待朋友，對方卻在背後散播不利於自己的謠言。
※盡心盡力服務顧客，對方卻不斷挑剔指責。

這個時候，儘管不能改變事實，卻可以改變想法。

※這只是一個「意外狀況」，而不是「命中注定」。
※雖然受到不公平對待，但也因此知道誰是眞正關心自己的人。
※從這個事件中，學到許多寶貴的教訓。

換一個觀點解讀不公平的事件，非但有助於用不同的態度解決困擾，更能避免相同的狀況反覆發生。

抱怨背後的心理需求

假如身邊有人不停的抱怨同一個人或同一件事，不妨認眞聽聽看，對方眞正想要抱怨的是什麼？累積多年的心理諮商心得，我歸納出幾個常見的抱怨原因：

期待對方自動改變行為

有一種抱怨者是希望別人聽了他的不滿，就會自動改變行爲。倘若對方毫無悔改之意，他就會不斷抱怨下去，直到那個人改變爲止。

這類型的抱怨，很容易形成對方「充耳不聞」或「左耳進右耳出」的溝通模式，你說你的我做我的，結果反而不容易改變對方的行爲。

表達無奈、委屈、生氣的情緒

另一種抱怨者則是藉著「訹說行爲」來表達無奈、委屈、生氣的情緒，所以，當他覺得不舒服的時候，就會用抱怨來宣洩情緒。

如果是透過抱怨宣洩情緒，那麼抱怨完後，照理說情緒會遞減，慢慢恢復平靜，但若是越抱怨情緒越激昂，就需要再探索抱怨中是否暗藏其他因素。

把「控制權」放出去

還有一種抱怨者是把「控制權」放出去，表面上他們很隨和，可是一旦結果跟他們預期的不同時，就會抱怨個沒完沒了。

常見的狀況是，問對方說：「晚餐想吃什麼？」得到的答案是：「隨便。」「你想吃什麼，就吃什麼。」結果到了餐廳之後，卻開始抱怨：「餐廳看起來很不衛生。」「這裡的菜不好吃。」難免會讓做決定的人感到不舒服，覺得「叫你表達意見的時候不表達，事後又意見一大堆」。

■渴望被疼愛、被關心

渴望被疼愛的人，如果得不到關愛，便試圖用「抱怨」來喚起別人的「注意」，結果反而弄巧成拙。

諮商的時候發現，不少高齡長輩在心理上會產生與世人隔絕的主觀感受，因此會感覺被孩子拒絕、遺忘，認爲孩子都不關心自己。以至於會常常跟別人抱怨孩子不孝順：「白養孩子了，沒一個孝順我的。」或是常常唉聲嘆氣抱怨：「身體不舒服，都沒有半個人關心，沒人在意我的死活。」或是不斷叨唸：「人老了，不中用，只會惹人討厭。」這些抱怨，聽在孩子耳裡會覺得自己的付出都沒有被看見，久而久之，也會抗拒主動關懷父母。

■對現狀不滿意，愛嫌東嫌西

對現狀不滿的人往往會看什麼都不順眼，很愛嫌東嫌西，他們常會抱怨：「以前的都比較好。」或是認爲：「現在做什麼都不順利。」這個時候，如果不理解他們的心理，加上沒有良好的溝通，就很容易產生摩擦。

歷經創傷事件後，開始不斷抱怨

有些人在歷經創傷事件後會開始不斷抱怨，或是常常與別人發生爭執，或是變得過度挑剔，一點小事就責備別人，遇到不順利的狀況就會哭泣、出現暴力傾向，在行爲上會蹉方步，抽菸或喝酒變多。

習慣扮演抱怨者

有些人則是注意到問題，也願意談論問題，但卻不願意採取行動去解決事情，總認爲自己是無辜的旁觀者，對於事情的改變感到無力，覺得改變是屬於別人的責任。也有的抱怨者對於問題解決抱著一些期望，然而對於如何解決問題並未形成具體的目標。

想讓抱怨者停止，要先了解其抱怨的眞正原因，只有當抱怨者的心理需求獲得滿足，才有可能停止抱怨，還給大家一個清靜的空間。

換個說法：練習「消除抱怨的說話方式」

和好友貝貝相約喝下午茶，席間她接到男友打來的電話，情緒頓時激動起來：「你不要跟我說對不起，我再也不想聽到『對不起』這三個字。」

掛斷電話，貝貝的情緒依然高漲，她用既委屈又憤怒的聲音跟我抱怨：「每次都這樣，他從來不問我的意見，就自作主張取消我們的約會。」

這個時候總不能硬生生地轉移話題，需要想辦法安撫貝貝的情緒。我問她：「妳心裡眞正在意的地方是什麼？」

「我氣他不尊重我的感覺，只重視他的事業和朋友。」

「可是，剛才妳的對話中，並沒有告訴對方妳眞正的感覺。」

貝貝整個人軟化下來，她用小女孩撒嬌的口氣問我：「那我要怎麼說出『眞正的感覺』呢？」

「就像妳剛才跟我說的一樣：『你臨時取消約會，會讓我覺得很不受尊重。』」我把貝貝的話再重複說一遍。

情緒平靜下來後，貝貝又恢復頑皮的天性：「那我現在要不要打電話告訴他『我的感覺』呢？」

在我的鼓勵下，貝貝又打了一通電話給情人，說出自己真正感覺。掛上電話，貝貝的臉上露出甜蜜的笑容：「沒想到講出自己眞正的感覺，可以這麼快樂。」

短短十分鐘，貝貝的情緒彷彿洗了一次三溫暖，由「生氣的抱怨」轉爲「開心的感受」。她好奇地問我：「妳做了什麼？」

對話過程中，我帶領貝貝練習「消除抱怨的方法」：先使用「我訊息」講出自己心中的想法和感覺，再將「抱怨」轉為「期待」，讓對方清楚知道：怎麼做事情會好轉。

「我訊息」是一個很簡單的心理溝通技巧，我先引導貝貝從「你訊息」：

「你每次都這樣。」

「你不要再跟我說對不起了。」

改成使用「我訊息」，講出心中的想法和感覺：「我覺得很不受尊重。」

所謂「我訊息」，就是明確而清楚地讓對方知道，自己眞實的感覺是什麼？還有眞正在乎的事情是什麼？而「你訊息」則會升高對方的防衛心理，把心力都放在解釋及保護自己的心理，以免受到攻擊。

下次覺得生氣或不高興的時候，先問問自己：

※我現在的感覺是什麼？

※何以我會有這種感覺？

然後再用「我訊息」告訴對方：「當我看到……我覺得……」

※當我看到你每天一回家就窩在電腦桌前，我覺得自己受到忽略，很怕你不喜歡我了。

※當我看到衣服、襪子丟得滿地都是，我覺得很不舒服。

一旦你習慣使用「我訊息」來表達心中的想法和感覺，就會發現自己很容易氣消，不會累積一堆「廢氣」在身體裡面亂竄。

接下來，試著從抱怨中聽出自己的期待或需要，將抱怨轉爲期待。

問問自己：如果怎麼做，事情會好轉？

以貝貝爲例，可以跟情人說：如果下次你要取消約會，可以盡快告訴我，這樣我就能提前安排自己的時間。這樣的回應方式，是否會比說：「你每次都這樣。」「你不要再跟我說對不起了。」要更有建設性。

將「抱怨」轉成「愛的語言」

□光說不練，口說無憑。
□沒有用，什麼都不會做。
□嘴巴不甜，都不會講句好聽話。
□幫他做那麼多事情，連句謝謝也沒有。
□你覺得我今天有什麼不一樣的地方。
□你認為我表現的怎麼樣。
□有沒有買什麼紀念品回來？
□以前我們上班出門時都會擁抱一下，現在都沒有了。
□以前我們一起看電視，都會有肢體接觸，現在他看他的，我看我的。
□下班要早點回來。
□有什麼好忙的，心思都沒有放在家裡。

上面這些話語聽過或說過嗎？如果有的話，就代表你可能要留心一下：對方渴望的

「愛的語言」是什麼。

抱怨雖然不受歡迎，但並非一無是處，從對方常常抱怨的事情中，可以慢慢歸納出其渴望的「愛的語言」。

「愛的語言」是「家族治療模式」中一個傳遞愛意的技巧，概念簡單又容易執行。強調每個人都有自己一套表達愛意的語言，包括「感謝語言」、「服務語言」、「禮物語言」、「身體語言」，以及「時間語言」。如果可以清楚知道自己和對方愛的語言是什麼，適時滿足對方的需求，就能讓愛意順暢流動。

但若不理解對方需要的「愛的語言」，用到對方不喜歡的「愛的語言」就很容易導致衝突怨言不斷。

需要「服務語言」

老是抱怨另一半「光說不練，口說無憑」，需要的可能是「服務語言」，對他們而言「愛我，就是幫我做事情。」也因此，當他們說身體有點不舒服時，立刻帶他們去看醫生，或是幫他們按摩一下，大概都會比關懷的語言來得有幫助。

需要「肯定語言」

常常抱怨另一半「嘴巴不甜，都不會講句好聽話」，或是「幫他做那麼多事情，連句謝謝也沒有」的人，需要的則是「肯定語言」。這個時候，倘若不斷強調「都是自己家人，哪還需要一直說謝謝，不是太見外了」，就沒有撫慰到對方的感受，理解對方需要語言增強的心理。

「肯定言語」包括稱讚、鼓勵或向他人表達感謝。

每次聽到有人問我：「你看，我今天有什麼不一樣的地方？」我心裡就有數，「對方正在期待讚美」，這時，我會搜尋對方身上最美的地方，然後再加以讚美一番。此外，若有人拿著他剛買的東西詢問我的意見：「你覺得這樣東西好不好呢？」我也多半不會提出「負面意見」，因爲顯而易見的，對方正在「期待讚美」，何苦潑他一盆冷水呢？

假如有員工不斷探問上司：「你認爲我表現的怎麼樣呢？」背後原因有可能是「期待誇獎」，也有可能是「期待加薪」。身爲上司的人，可要仔細聆聽，才能做出適當的回應。

需要「禮物語言」

如果總是批評另一半「小氣沒品味」的人，需要的可能是「禮物語言」，期待收到貴重的禮物。

舉個例子來說，有次和朋友相約吃中飯、談事情。由於雙方早有共識，所以很快就達成協議。正高興可以安心吃飯，朋友卻突然轉換語氣問我：「能不能請教你一件事情？」看他一臉嚴肅的表情，我的心也跟著緊張起來，難道對方還有其他的要求？

「眞不好意思，要問你一個私人問題。」戴著黑色四方眼鏡的朋友，靦腆地笑了一下：「最近有件事情讓我很苦惱，自從上個月我出差回來，我太太就不跟我說話，我實在想不通是哪裡得罪她了？」

聽到是「個人私事」，我懸在空中的心頓時落了地。爲了多收集一點分析的資料，我努力揣摩朋友妻子的心理：「是不是你出差回來之後，每天都忙得昏天暗地，沒時間陪太太，她才會提出『無言的抗議』？」

「剛出差回來當然比較忙，不過很快就恢復正常了，沒理由生這麼久的氣啊？」朋友困惑的說。

「那是不是你請太太去機場接你，事後卻忘了跟她道謝？」

「我都是自己開車去機場，然後把車停在機場附近的停車場，再自己開回來。」

「也不是？那是因爲你麻煩太太幫你整理行李？」一邊問，一邊思索，還有什麼事情能讓太太氣到不跟先生說話呢？

「我出差的行李當然是自己整理。」這個時候，朋友似乎想起什麼重要的線索：「對了，我在整理行李的時候，我太太還熱情地問我：『好不好玩？有沒有買紀念品回來？』」

「那你有沒有幫她帶禮物呢？」我關心的問。

朋友回答：「出差的行程趕得要命，哪有時間買禮物？我只在飛機上買了兩瓶免稅酒。」

「如果我猜的沒錯，這就是你太太不跟你說話的原因，你讓她『期待落空』，失望之餘，便忍不住要感情撤離，不跟你講話。」

事實上，朋友太太問他：「有沒有買紀念品？」可能眞正的意思是在問：「有沒有買禮物給我？」但因朋友沒有接收到太太話裡的「期待」，所以完全沒有做出任何回應；倘若他當時聽懂話裡的含意，並且適時做解釋：「我因爲出差的行程太趕，才沒有買禮物，但我也不想隨便買個禮物，過兩天去百貨公司好好選個禮物給你，還是你喜歡什麼，我們一起去買。」太太就不會覺得「你沒把我放在心上」，而生這麼大的悶氣。由此可見，人與人相處，聽得懂對方需要的「愛的語言」有多重要。

特別是現在很多人都在社群晒禮物、晒恩愛，因此，收到一個可以彰顯自我價値的禮物，或是能夠感受到自己重要性的禮物，也是很重要的。

需要「身體語言」

三不五時嘀咕另一半「不夠溫柔體貼」的人，需要的可能是「身體語言」，喜歡對方抱抱親親自己。

諮商的時候，我很常聽到當事人表示，感情開始疏遠的前兆，就是身體語言越來越少，譬如說，以前我們上班出門時都會擁抱一下，現在都沒有了。以前我們一起看電視，都會有肢體接觸，現在他看他的，我看我的。

有時候，關係越親密的人，身體語言的力量就越強大，會給對方無形的支持力量，一個眼神傳遞關懷，一同落淚表達支持與了解，勝過千言萬語。

需要「時間語言」

時常提醒另一半「下班要早點回來」，或是不理解另一半「有什麼好忙的，心思都沒有放在家裡」，這就表示，他需要的是「時間語言」，覺得花時間相處是最珍貴的。

清楚自己的「愛的語言」屬於哪一種，問題就簡單了，學著將「抱怨」化爲「期待」：「好久沒看電影了，什麼時候有空，一起去看。」

只要懂得表達，「抱怨」可以變成最甜蜜的「愛的語言」。

唱反調的類型與心理

□開這種會只有浪費時間，一點效果也沒有。

□很抱歉，我沒有辦法配合這種毫無意義的政策，不然會影響我的工作情緒。

□為什麼我要照著你說的話去做。

□我沒空。

□我沒有辦法做。

□我不想要。

□恕難配合。

□話不能這麼說。

□不是這樣的，應該怎麼做才對。

□一定要這樣嗎？

上面這些話語聽過或說過嗎？如果有的話，就代表自己或對方的說話方式屬於「唱反調」的類型，不妨思考一下，這樣的說話方式會對自己和別人造成什麼影響。

有次和一個老闆級的朋友吃飯，吃著、吃著，他突然有感而發地問我：「覺不覺得，現代人的『服從性』越來越低？誰也不肯服誰。」

咀嚼過他所說的話後，我亦深有同感，現在不少扮演師長角色的人，都很苦惱，在學校，很多學生不聽老師的教導；在公司，很多員工不聽老闆的指揮。常常去做企業內訓的時候，人資及主管都表示，愛唱反調的同仁越來越多，不知道要怎麼帶領他們比較好。

當大多數人都變得越來越不配合別人時，我們或許可以換個角度想一想：何以一個人會不喜歡服從，愛跟別人唱反調？「有主見」跟「唱反調」有什麼差別？了解唱反調背後的心理因素，不僅可以紓解自己憤怒的情緒，同時也能找到應對的方法。

不同類型的唱反調

根據我的觀察，愛唱反調的人，有三種不同的類型。

第一種類型是反抗權威的人。他們不喜歡看到上司長輩擺出「高高在上的架子」，爲了顚覆權威，他們就會變得凡事反對。

在「反抗權威」的類型中，還有一種是屬於有「對立反抗症」的人，他們常見的行爲是常常生氣發脾氣、經常和權威者爭辯，常出現違抗行爲。

第二種類型是習慣說不的人。他們會全面否決別人的意見與看法，透過「否決別人」

來感受自己的重要性，久而久之，「否定、反駁、對抗別人」就變成他們的人格主軸。

第三種類型是專業至上的人。他們較難接受有人不聽從專業建議，爲了維護專業尊嚴，他們會採取一些激烈的手段來對抗上司、長輩。

反抗權威的人

一個在科技公司擔任總經理的朋友，爲了提高業務部同仁的士氣和業績，規定業務部每天早上九點鐘開早餐會報。雖然大部分的業務同仁都覺得開會很浪費時間，可是多數人都是敢怒不敢言，但私底下牢騷一大堆，當著總經理的面依然順從地去開會。

其中有個業績不錯的同仁小陳，卻很不客氣地跑去跟總經理抗議：「開這種會只有浪費時間，一點效果也沒有。」

聽到如此挑戰的話，總經理仍舊面帶微笑地跟小陳說：「希望你能配合公司的政策。」但小陳卻挑著眉酷酷地說：「很抱歉，我沒有辦法配合這種毫無意義的政策，不然會影響我的工作情緒。」事後小陳果眞說到做到，一次會都沒有去開。

■唱反調加上挑釁行為

從事員工心理諮商工作多年，我發現，幾乎每家公司都會有幾個愛唱反調的同仁，他們似乎偏愛跟主管站在對立面，常會採取下面這幾種挑釁行為：

※ 喜歡和上司長輩辯論，而且堅持己見，不輕易妥協。
※ 經常會當面反駁上司長輩的話，讓上司長輩覺得沒有面子，下不了臺。
※ 工作的時候常會沒大沒小，讓上司長輩覺得不受尊重。

或許有人會認為，既然唱反調的同仁那麼難管，不要一起共事就好了。其實，他們除了不服從外，也有可愛的一面，通常會不顧慮自己的前途，敢跟上司對抗的同仁，多半年輕衝動，不少人也擁有高教育程度，所以，主管才會看在他們「年輕不懂事」的份上，再給他們改變的機會。

了解反抗權威的心理

想跟反抗權威型的人合作，需要先了解他們不合作背後的原因。

在成長的過程中，當我們還無法完全獨立，或還不能擺脫權威束縛的時候，就需要透過反抗權威的言行，來幫助自己從依賴家人走向獨立自主。

照理說，邁向獨立後，就不需要再反抗權威，但對有些愛唱反調的人而言，「服從」就等於「喪失尊嚴」，就等於「沒有自己」，為了突顯自我的影響力，他們會積極爭取「主控權」，每件事情都要自己做決定，很難接受別人的安排或決定。

有些人則是不滿意自己大材小用，他們缺乏一步一步往上爬的耐性，當他們對工作感到不耐煩時，便會把滿腔的怒氣發洩在主管身上。

了解反抗權威心理之後，自然不會把他們的「抗爭」當成「挑釁」。一般而言，反抗權威型的同仁較喜歡有人情味的主管，如果主管願意放下身段聆聽他們的意見、想法，他們就會覺得自己受到重視，配合度可能會提高一點。

有「對立反抗症」的人

在《精神疾病診斷準則手冊5》中，有「對立反抗症」（Oppositional Defiant Disorder）的人會出現下面這些行爲模式：

※經常在發脾氣。

※常常很難取悅，或是很容易被激怒。

※情緒總是處於生氣或憤慨狀態。

※經常跟權威者爭辯，如果是兒童或青少年則是跟成人爭辯。

※總是違抗或是拒絕服從權威者的要求，也不願意遵守規則。

※經常故意做出惹惱別人的行爲。
※常常將自己的過錯或是不當的行爲怪罪別人。
※在過去六個月內曾經出現過兩次以上懷恨別人，或是做出報復別人的行爲。

上面這些「對立反抗症」行爲如果有四個以上，而且時間持續六個月以上，就需要心理專業團隊的協助。

習慣說不的人

「習慣說不」的人又有兩種不同的人格特質，一種是攻擊性人格特質，反應在心理上，他們常會有虛榮、野心、自以爲是、善妒、貪婪的感受跟情緒。

也因此，跟別人唱反調其實是他們「內在對人的敵意、對人不信任、自恃獨斷、好勝心強」的具體行爲。當別人的能力超越他們的時候，他們就會跟對方持相反的做法，當別人的創意勝過自己的時候，他們就會抱持反對意見。

攻擊性「習慣說不」的人會說：我沒有辦法做、我不想做、怨難配合。

另一種是防衛性人格特質，表現在行爲上，會出現下面這些常見的行爲，包括：情緒常會負面、退縮、焦慮、膽怯，或是有很多迂迴的行爲，像是懶散、常換工作、觸犯法律。他們也會選擇跟別人保持距離，常會陷入猶豫不決中，也因此，他們很常自我矛盾，內心常會出現「一定要這樣嗎？」的聲音，連自己之前說過的話、做過的決定都會推翻，讓人無所適從。

專業至上的人

美國組織行爲學博士金·波奇艾勒第（Gene Boccialetti）曾經針對各行各業中階主管的「主從關係」做過調查，結果發現，教育程度越高的人，服從度越低。

相信很多主管都會對這個研究結果感觸良多，我自己更是目睹不少成績優秀的高材生，因爲只服從專業不服從上司，而讓前途布滿荊棘。

有個朋友拿到美國名校的碩士學位後，原本想要學以致用，好好發揮所長，偏偏天不從人願，遇到一位不尊重專業的上司。朋友時常跟我抱怨，每次都是因上司不聽從他的專業建議，才會導致工作推展不順。言下之意，就是認爲上司是阻礙公司進步的絆腳石。雖然我不認識他的上司，但我可以想像，這個「專業不如他」、「學歷比他低」的主管，大概很難帶領他。

果然不久之後，朋友非常激動地打電話告訴我：「那個草包上司竟然要開課，幫我們上課，眞是天大的笑話。」

朋友決定以實際行動抵制上司，他氣憤地表示：「絕對不能讓草包誤人子弟。」由於打從心裡瞧不起上司的專業知識，上課時，任憑上司在臺上講得口沫橫飛，他就在臺下做自己的事情、滑自己的手機。下課後，上司氣得跟總經理拍桌子抗議，希望讓他立刻離開公司。儘管上司沒能達成心願，不過從此以後，上司一下要他塡寫繁瑣的報表，一下要他鉅細靡遺地交代行蹤。既然上司公報私仇，爲維護自己的專業尊嚴，朋友亦採取一些激烈的手段來對抗上司。

■維護專業尊嚴的對抗行為

※不僅把上司當成競爭對手，還給上司取一個難聽的綽號。
※開會時積極爭取發言權，努力挑出上司的語病及專業錯誤。
※如果上司不聽從他的專業建議，那他就拒絕扮演執行者的角色。
※會偷偷隱藏跟工作有關的專業訊息，試圖讓上司變成無知的井底之蛙。

有一天下班後，上司把他叫到辦公室，直截了當地問他：「你是不是瞧不起我？」平常老愛挑上司語病，這次他卻一反常態地沉默不語，上司越說越生氣：「你這種態度我眞的無法接受，你的表情太傲慢了，我給你一個月的時間，讓你自我調整，月底我再對你的服從能力做一次評估，看看你有沒有改進？」看他沒有反應，上司又補充說：「我告訴你，這是一件非常嚴重的事情，你要認眞去執行。」從來沒有看過上司如此憤怒，朋友覺得自己大獲全勝，心裡頓時響起勝利的歡呼聲。

■了解信服專業的心理

想讓專業至上的人心服口服，並不是件容易的事，他們大多不喜歡套交情，所以，要讓他們聽從上司指導，不只要有深厚的實務經驗，更要有豐富的專業知識，而且即便主管的經驗比他們豐富，也要能夠證明「這些是書本上學不到的」，他們才會眞正信服。

一般來說，專業至上的人都對自己非常有信心，喜歡別人跟他們請教專業建議，所以不妨常常徵詢他們的意見。不過，萬一他們的意見沒被採用，就需要花點時間和他們解釋清楚，不然他們就會認爲上司不尊重專業。還有，當他們表現優異時，也別忘了當眾誇獎他們的專業能力，讓他們有受到肯定的感覺，當「專業」被重視時，他們才能「專心」工作。

人生哪個階段最愛唱反調？

大部分人在哪個階段最愛唱反調呢？根據組織行爲學家的研究，男性是二十歲到三十歲，最常跟上司長輩的看法不同、意見不合，過了三十歲之後，就越來越容易妥協。

而女性則剛好相反，三十歲之前和主管的歧異性比較低，過了三十歲之後，反而會和上司長輩意見相左，一直要到四十歲上下，才會逐漸又與上司長輩達成共識。這個統計數字，反應了兩個現象：一是當我們有主見又敢說出自己的看法時，往往也是和上司長輩關係最差的時候。二是很多人是嘴巴上服從，其實心裡並不服從。

如何跟愛唱反調的人相處

若單憑「聽不聽話、服不服從」去評量唱反調者的優劣，大概看不到他們真正的優點。諮商的過程中，我會用「心理能量」的角度去引導唱反調的人，把心理能量流動到對自己有幫助的事情上面。由於喜歡唱反調的人，大多只相信自己的判斷，不愛聽從權威的指導，事前若沒先跟他們商量討論，也沒徵詢他們的建議想法，那他們的心理能量就會流動到反抗對立，所以，先徵詢他們的建議想法，多半能大幅降低反抗的能量。

再者，愛唱反調的人都非常的「自我導向」，不喜歡跟別人報告進度，因此，上司長輩最好只給「大原則」和「大方向」，其他的事情就不要過問，也能降低他們的對抗能量。

唱反調的人大多很喜歡玩「頂嘴、反駁」的遊戲，盡量避免陷入他們設下的遊戲中，認真聆聽他們在講些什麼，並從中找出自己認同的地方，先認同他們的觀點，再補充自己的看法，這樣比較容易跟唱反調的人達成共識。

換個說法：將「唱反調」轉成「認同別人的看法」

由於愛唱反調者常常提出跟別人不同的意見，因此，要調整說話方式，最直接有效的方法便是：「認同別人的看法。」

反覆練習下面這句話：「**我覺得你說的話很有道理**。」直到內化成爲自己的語言，就可以發自肺腑說出這句話。

這個方法屬於「行爲治療」，先改變說法，再改變想法，慢慢增加說話的彈性。

另一個避免唱反調的方法是，「**架橋**」**增加雙方的選擇**。

因爲溝通最怕遇到「黑羊、白羊過獨木橋」的狀況，倘若彼此互不相讓，就沒有溝通的餘地，這個時候，如果能藉助「架橋」的技巧，多找幾個令雙方都滿意的選擇，就不會讓對方覺得你在唱反調。譬如說，周末假日，男生想在家看球賽，女生想出去逛街，如果要增加相處的時間，可視球賽時間決定逛街地點；亦可各退一步，男友在家看球賽，女友跟朋友去逛街，然後兩方再會合一起去吃飯。

不妨詢問對方：「**根據你所說的，如果我怎麼做……是不是可行？**」

同時運用這樣的提問方式，也有助於對方接受自己的建議。

哪些「說話方式」容易引發別人的情緒？

- □沒見過比你更懶散邋遢的人。
- □你天生就好吃懶做。
- □你有公主病。
- □你很大男人。
- □你真是個男人婆。
- □你就是草莓族。
- □我知道你這樣做是故意氣我，放心，我不會跟你一般見識。
- □去超市幫我買東西。
- □你就是要聽我的。
- □叫你做你就做，廢話不用那麼多。
- □你應該更積極一點。
- □看吧！我早就告訴過你會有這種狀況。

☐你要是早聽我的話，就不會出錯了。
☐不聽老人言，吃虧在眼前。
☐說一說也不行，肚量太小了。
☐不道歉的話，那我們就分手。
☐這個問題很簡單，這樣做就好了。
☐保證不會有事的。
☐世界上比你倒楣的人更多，你的際遇還算幸運。
☐吃飽沒事要溝通，你時間太多了嗎？

上面這些話語聽過或說過嗎？如果有的話，就要特別注意，這些話語是否會在不自覺的狀況下引發別人的情緒。

諮商的時候，常會聽到當事人表示：「跟對方講不通。」或是：「對方動不動就生氣，根本溝通不下去。」這個時候，我通常會詢問：「可以說一下，當時是怎麼跟對方敘述的嗎？」等我聽完之後，往往會發現當事人跟對方溝通不順的因素，是源於「說話方式會引發別人的情緒」。

還有面對夫妻溝通不良的狀況，如果只做單方的個別諮商，有時會不清楚當事人所描述的溝通阻礙卡在哪裡，這個時候，我會跟當事人討論，有沒有可能邀請另一半來做伴侶諮商，等到觀察雙方的溝通過程後，很快就會發現，他們彼此所使用的語言都在引發對方的情緒，而沒有引導對方更了解自己。

很常聽到太太跟我反應：先生沒有耐心聽她說話，讓她覺得很不受尊重。可是當她跟先生表達自己的感受，先生也不斷強調：我已經對妳很有耐心了，請妳不要磨光我對妳的耐心。爲了找出雙方「溝通阻礙卡在哪裡」，也邀請先生一起來討論，聽完先生的說明後，我終於了解太太總是覺得「先生沒有耐心聽她說話」的感覺是怎麼來的，因爲先生常常會表示「好麻煩」、「眞麻煩」這句習慣用語，有趣的是，當我把先生的習慣用語像鏡子般反應給他看，詢問先生：「有沒有發現自己常會說『好麻煩』這些用語？」先生卻跟我說：「沒有說這些話。」

所以，溝通不順的時候，不妨覺察一下：自己有沒有會引發別人情緒的習慣性用語？歸納歷來心理學家的研究，發現下面幾種「說話方式」最容易引發別人的情緒，而自己卻沒有覺察到。

■ 批評對方的個性和行為

爲了證明自己有權糾正對方的言行舉止，不少人在溝通的時候，習慣先數落對方的個性，譬如說：「沒見過比你更懶散邋遢的人。」或是批評對方：「你天生就好吃懶做。」通常被批評的一方非但不會改變行爲，反而會認爲：既然我這麼差勁，何以還要跟我相處互動。

■給對方定「罪名」或取「稱號」

常聽到身邊的朋友給別人取「稱號」，舉例來說，直呼對方「小氣鬼」，或是叫對方「大男人」、「大女人」、「公主病」、「玻璃心」、「黃臉婆」、「男人婆」。這些「罪名」和「稱號」往往越叫越順口，之後發現不妥都很難改口，同時也很難抹掉帶給對方的不良感受。

■自以為了解對方的行為動機

有些人會誤以爲「心理學」是用來分析對方的行爲，其實不然，沒有人喜歡被別人看穿，更厭惡「逃不出如來佛手掌心」的感覺，因此，最好不要自以爲了解對方的說：「我知道你這樣做是故意氣我，放心，我不會跟你一般見識。」事實上，看懂對方行爲模式的目的，是協助我們同理對方的感受和想法，而不是用來炫耀「自己很懂人心」，這樣會讓對方產生反抗心理，有礙溝通進行。

命令對方去做事情

凡是用「指使」的語氣請對方做事情都算「命令」，像「去超市幫我買東西」、「我口渴了，去倒杯水給我喝」，或是用高壓的口氣說：「叫你做你就做，廢話不用那麼多。」被迫接受「命令」，很容易令人湧現不滿的情緒，自覺「低人一等」。

這個時候只要換個說法，馬上能轉變對方的感受：「我現在走不開，你有空嗎？可以幫我去超商買個東西嗎？」兩種說法最大的差別就在「尊重對方的感覺和意願」，溝通時若忽略「禮貌」和「尊重」，就會事倍功半，達不到預期的效果。

喜歡說教

根據我的側面觀察，很多人喜歡說教，愛用專家的口吻告訴對方怎麼做才對，「你應該更積極一點」、「這道菜的做法不對」。

有個注重美食的朋友很喜歡指導情人做菜，從番茄的切法、配菜到火候拿捏，每一道菜都有不同的意見，讓情人氣到「這輩子再也不要做菜給他吃」，可是，朋友非但不了解對方在「氣什麼」，還補一句：「說一說也不行，肚量太小了。」讓對方更生氣。就像很多老師和上司都想不通，自己這麼努力教導，怎麼學生都「聽不進去」，這是因爲「說教」基本上就在「否定」對方的能力，不相信對方能夠做好，才會一廂情願教導對方。

扮演「預言家」的角色

除了「教官」以外，許多人還愛扮演「預言家」的角色，無論對方發生什麼事情，就立刻跳出來說：「看吧！我早就告訴過你會有這種狀況。」或是懊惱的說：「你要是早聽我的話，就不會出錯了。」

聽到別人的「預言」，大部分人都不會太開心，誰喜歡被人「看衰」，所以，即使自己的「預言」準確率很高，還是要給對方覺察的空間，不妨陪伴對方一起看看：哪裡出了狀況？以後可以如何改善？這樣對方反而會感謝你「陪他走過難關」。

威脅警告對方

爲了控制對方的行爲，有些人會用威脅的方式，警告對方「不聽話」會遭遇什麼不良後果，例如不少情人喜歡警告對方：「不道歉的話，那我們就分手。」或是撂下狠話：「你不跟我發生關係，我就去找別人。」

通常習慣用威脅控制別人者，多少都有過「成功經驗」，一旦覺得這招很有用，下次碰到相同的情境，就會忍不住威脅對方，而且「小威脅」會慢慢變成「大威脅」，讓別人心生恐懼後，再利用對方的「害怕心理」，來達到目的。短時間這種方法好像很有效，但卻會阻斷長期的感情發展，會把周遭的人通通嚇跑。

連續提出太多問題

溝通的時候，一口氣提出太多問題，尤其是讓對方回答「是」或「不是」的問題，往往會讓對方感覺「被審問」，而不想再多說。

譬如連續問對方：「你是不是心情沮喪？」「你要不要出去走一走？」「想不想吃點東西？」即使是基於關心，也會讓對方因爲被問煩了，乾脆關閉溝通的大門。

發現對方話很少時，與其連續提問，不如放慢速度，慢慢跟對方聊天，多給對方一點思考和喘息的時間。

給對方建議和答案

在兩性關係中，由於男性和女性的特質不同，有時感情需求也不一樣，男性大多尋求實際的幫助和支援，而女性則渴望對方的關心了解，以及親密交流；這個差異反映在溝通上，就是一個愛給建議，一個愛談感受；一個講重點，一個講細節。

其實，溝通不是爭論對錯，而是滿足心理需求，倘若需求滿足不了，那無論給任何建議，對方大概都聽不進去，更何況有些建議還會引發情緒反彈，譬如：「這個問題很簡單，這樣做就好了。」原本是想協助對方解決問題，不料對方卻解讀成「這麼笨，如此簡單的問題也不會做」，讓給建議的一方大嘆：「做人眞難，好心沒好報。」

不斷保證沒事

「放心，有我在，保證不會有事的。」這句話是不是很熟悉？很多時候，爲了使情人安心，我們會做出超過自己能力範圍的承諾，結果萬一事與願違，「保證沒事」之後還是「發生問題」，那就無法跟對方交代了，所以，溝通時不要意圖「粉飾太平」，表面上是安慰對方，實際上是安慰自己。

轉向安慰，模糊焦點

我發現，很多人在講不下去，或不知道要說什麼的時候，常會轉向安慰對方：「好了，別想那麼多。」或是舉更悲慘的例子試圖激勵對方：「世界上比你倒楣的人更多，你的際遇還算幸運。」平心而論，這種安慰法只會讓對方更難過，認爲情人忽略自己問題的重要性。

過於理性，缺乏同理心

再次強調，溝通並不是「講道理」，太過理性，會讓對方覺得「缺乏人性」，不了解他的苦處，接收不到他的感受，因此，溝通時千萬避免長篇大論講道理，越講對方心情越壞，最好多點耐性聆聽對方話中蘊含的「情緒」，只有理解對方，才能做出適當的回應。

■重心放在「接著要講什麼」，卻沒用心聆聽對方說話的內容

溝通最容易引發情緒的狀況，就是其中一方「有聽沒有到」，一般而言，「沒聽到對方說話內容」有下面幾種情形：

第一種狀況算是「情有可原」，因爲「聽話的速度」比「說話的速度」快四倍，所以聽別人講話時，還有很多時間可以想其他的事情，若不自覺流露出「心不在焉」的樣子，就會讓對方覺得「根本沒有用心聆聽」，進而生氣不想再溝通。

第二種狀況是「選擇性聆聽」，刻意拒聽自己「沒興趣」、「聽不懂」的內容，只要內容不符合他們的意，就自動關閉聽覺。可想而知，這類型人在親密關係中，常會給人冷漠、難溝通的印象，偏偏他們「一點感覺都沒有」，甚至會怪罪別人「何必那麼嚴格」、「幹嘛吃飽沒事要溝通」。

第三種狀況是「假性溝通」，外表擺出「聆聽」的樣子，但實際上「沒有掌握重點」，等事後對方詢問溝通內容時卻「一問三不知」，對方自然會感到不高興。

第四種狀況是「太過焦慮」，溝通時重心都放在「思考等下要講什麼」、「如何回應對方」，而沒有仔細聆聽對方的話。

挫折感。

第五種狀況是「急著反駁」，對方還沒講完話，便急著打斷對方，讓對方產生強烈的挫折感。

所以，溝通時最重要的，就是確實做到「聽到」、「聽完」、「聽懂」，這樣不只能夠建立互信的溝通關係，更可安撫對方的情緒。

聽出生命腳本的「禁止訊息」

□ 要不是因為懷了你，我也不會跟你爸爸結婚。

□ 我意外有了你，從此人生就變調了。

□ 就是因為懷了你，我只好放棄自己的學業。

□ 當初我跟你爸本來沒有想要生你。

□ 當年阿嬤堅持要我拿掉你，我應該聽她的話。

□ 我是多餘的。

□ 如果你不照我說的去做，我就要去死。

□ 我會做給你看，就算要付出生命代價也在所不惜。

□ 寧願死，我也要報仇。

□ 我要讓自己差點死掉，才能感受父母的愛。

□ 我必須自己照顧自己。

□ 我絕對不要輸給男生。

□我要比男生更堅強、更優秀。
□我不需要任何人。
□我要讓家人過好日子。
□我要趕快長大賺錢。
□我會照顧你一輩子。
□我是唯一能夠做這件事情的人。
□我不會相信任何人。
□我不要長大。
□請不要離開我。
□我不要思考。
□我不重要，不要考慮我。
□我就是畢不了業。
□我就是做不成一件事情。
□不管做什麼，都會招致悲慘的下場。
□關心別人是沒有用的。
□我絕不要結婚。

□只有生病的時候才會受到照顧。

上面這些話聽過或說過嗎？每句話中都暗藏一個「禁止訊息」，不僅會影響未來的決定方向，更會影響情緒和感受。

從小到大我們會接收各種來自大人的語言或行爲訊息，如果父母常常阻止孩子做這個、做那個，久而久之，就會讓孩子的行爲受到限制，這些「禁止訊息」，會讓我們無法發揮力量。

另外還有一些暗示性的「禁止訊息」，父母基於自己的需求、感受，不斷灌輸到孩子的腦海中，更會對孩子的心靈造成強大束縛。下面歸納出破壞力道強大的「禁止訊息」，可以覺察一下自己曾經在無意間說過嗎？如果有的話，請務必正視這些「禁止訊息」的負向力量。倘若這些「禁止訊息」是自己從小聽到大的，不妨也自我覺察，是否這些訊息正在無聲無息的破壞自己的人際關係、情緒感受、以及生涯發展。

■不要存在的「禁止訊息」（Don't exist）

諮商的過程中，我發現有些當事人從出生開始就不斷接收「不要存在的禁止訊息」，下面這些話是我最常聽到的：

「要不是因爲懷了你，我也不會跟你爸爸結婚。」
「我意外有了你，從此人生就變調了。」
「就是因爲懷了你，我只好放棄自己的學業。」
「當初我跟你爸本來沒有想要生你。」
「當年阿嬤堅持要我拿掉你，我應該聽她的話。」

上面這些「不要存在的禁止訊息」，多半是因爲父母意外懷孕，而不得不被迫做出「改變生涯發展的決定」，而這些「人生轉變的遺憾」，往往會轉化成一句又一句的「不要存在的禁止訊息」，強灌在孩子的腦中、心中。

這些「不要存在的禁止訊息」，會對孩子的心理形成嚴重的影響，當孩子得知自己是「不被期待的孩子」，或是「父母不想生下來的孩子」，要如何在這個世界上找到自己的位子。

更危險的是，這些「不要存在的禁止訊息」在孩子長大之後，可能會轉變成「威脅生命的語言」：

「如果你不照我說的去做，我就要去死。」

「我會做給你看，就算要付出生命代價也在所不惜。」

「寧願死，我也要報仇。」

「我要讓自己差點死掉，才能感受父母的愛。」

我試著站在父母的立場思考：何以要跟孩子說這些「不要存在的禁止訊息」，背後眞正的意涵是什麼呢？或許爸媽是想讓孩子知道：當年我是經過好大的掙扎痛苦後才決定生下你，希望你不要辜負我，但卻忽略這些「不要存在的禁止訊息」，會讓孩子找不到自己存在的意義，有的孩子長大後會企圖自我傷害；有的孩子會不願與人親近，以免招來痛苦或失望。

■不要做自己性別的「禁止訊息」(Don't be you-your sex)

諮商的過程中，看過太多成長於重男輕女家庭的小孩，會在內心告訴自己：「我絕對不要輸給男生。」「我要比男生更堅強。」「我要比男生更優秀。」所以，她們從小就抗拒表現出自己性別的特質，會自動把男生當成假想敵，潛意識裡跟男生競爭，什麼事情都要贏過男生，才能感受自己存在的價值。

不要做小孩的「禁止訊息」(Don't be a child)

有些人的成長過程中缺乏無憂無慮的童年，父母因爲各種不同的緣由期盼孩子趕快長大，孩子進而被迫承擔不符合自己年齡與成熟度的責任，最常見的就是家中的老大，被迫扮演父母的角色，承擔起照顧弟妹的責任。

此外，父母中有一方有酗酒或嗑藥習慣的人，孩子也會在很小的時候種下「不要做小孩的禁止訊息」，無論年齡多小他們都會自動扛起「失去功能的父母」的責任。

有的孩子從小就立志：「我要趕快長大賺錢。」「我要讓家人過好日子。」

也有的孩子從小就許下心願：「我會照顧你們一輩子。」

還有些孩子會期許：「我是唯一能夠做這件事情的人。」「我不需要任何人。」

在成長過程中，一旦形成「不要做小孩的禁止訊息」，就會驅使一個人「努力工作賺錢」，不允許自己停下來休息，也不允許自己休閒娛樂，對他們而言，休息和娛樂都是浪費時間的，只有生產賺錢才是正當的。

不要長大的「禁止訊息」(Don't grow up)

跟「不要做小孩的禁止訊息」相反的，就是「不要長大的禁止訊息」。

有些人是「不要超過某個年齡」：六歲以後我就不快樂了，小學之後我就覺得人生好無聊。而之所以會形成「不要長大的禁止訊息」，有些人是因爲家中發生重大變動，像是父母中一方過世，或是祖父母過世，都可能會讓孩子「希望自己不要長大，這樣家人就不會離開我」，可以停留在有家人照顧陪伴的時候。

我認識一個從小跟爸爸感情很好的朋友，當爸爸在他小學時生病過世，從此他的人生就封閉、靜止在這個時刻，連 Line 圖貼都是小學的照片，無法再往前邁進。

有些人是「不要長大成熟」：諮商的過程中我發現有越來越多人希望自己「不要長大」，如果可以的話，他們期盼能夠一直停留在「不要寫功課」的年紀，人生只要看動漫、看影片、打電玩就好了，他們並不想要長大，對他們而言，長大代表的是辛苦與痛苦。

有些人「不要長大」是因爲「我不要思考」：在他們的世界裡，思考是複雜的、累人的、麻煩的，「不要長大」就可以省掉這些煩人的事情。

還有些人則是因爲受到虐待，經歷驚恐的恐怖事件而設下「不要長大的禁止訊息」。我看過有些人會想退回母親的子宮，不想誕生在這個世界。在國外也有一群「巨嬰族」渴望回到包尿布、吃奶嘴的嬰兒時期，只想完全被大人照顧。也有些人的心智停留在學齡前，即使已經長大成人仍然喜歡卡通人物的髮箍飾品，穿著五歲女孩的蓬蓬裙、娃娃鞋，連講話語調和用詞都像是一個五歲的小女孩。

不要成功的「禁止訊息」(Don't succeed)

倘若成長的過程中孩子設定「不要成功的禁止訊息」，潛意識就會藉著「不要完成自己所做的事情」，以求得意料中的失敗。失敗的方法包括，讓自己跟別人處不好，這樣正在進行的事情就可以半途而廢，或是不斷提高目標，以致於享受不到成功的滋味。

譬如說，規定自己每一科都要九十分以上，如果達不到就想要放棄學業。大學不斷重讀重考，讓自己無法畢業，不斷證明「我就是做不成一件事情。」或是跟同學無法相處，最後不得不休學回家。

何以一個人要設定「不要成功的禁止訊息」？這個訊息可能來自父母潛藏的嫉妒心理，當孩子表現得多才多藝時，父母會用嫉妒的口吻說：「既然你那麼厲害，就不需要我愛你了。」或當別人稱讚孩子美麗聰明時，父母會表示：「真的不像是我生的小孩。」久而久之，孩子由於擔心「表現成功」父母就會不愛自己，便在潛意識設定「不要成功的禁止訊息」，讓自己的表現不會比父母優秀、聰明。

不要做的「禁止訊息」(Don't do)

「不要做的禁止訊息」來自過度保護或內心充滿恐懼的父母，「什麼都不要做，因爲不管做什麼，都會招致悲慘的下場」，當內心產生「不要做的禁止訊息」，反應在行爲上就會想盡辦法避免做決定，或是不要長大，這樣別人就會爲自己做決定，間接達成「什麼都不要做的目標」。

不要變得重要的「禁止訊息」（Don't be important）

擁有「不要變得重要的禁止訊息」的人，內心多半覺得自己不夠重要，也因此，他們不太會開口表達自己想要的事物，或是直接說出自己的需要。

他們常常會說：「我不重要，不要考慮我。」或是認爲：「不要說好了。」「成全對方好了。」久而久之，周遭人也會跟著忽略他們的重要性。

不要有歸屬感的「禁止訊息」（Don't belong）

成長過程中不斷聽到「自己跟別人不同的訊息」，像是童年時期住在祖父母家、親戚家，或是父母離婚，周遭就可能有人會說：「好可憐，爸爸媽媽不要你了。」或是「你這麼不聽話，才會爹不疼、娘不愛。」無形中讓孩子產生「不要有歸屬感的禁止訊息」。

如果有「不要有歸屬感的禁止訊息」，在行爲上可能會出現漂泊的狀況，很難長時間固定停留在一個團體中，人際關係也大都是「短暫停留」的狀況。

事實上，不少被形容成「很渣」、「很花」的情人，內心都可能隱藏「不要有歸屬感的禁止訊息」，所以，他們很難長期經營一段穩定的親密關係，情感總是在漂泊，跟所愛的人相處沒多久，就會覺得對方不適合自己，而自動拉遠關係。當他們若即若離，行蹤飄忽不定時，對方也會因爲受不了這種不穩定的關係，選擇分手離開，這時他們又會再度強化「不要有歸屬感的禁止訊息」。

■不要親密的「禁止訊息」（Don't be close），或不要信任別人的「禁止訊息」（Don't trust anyone），或是不要愛的「禁止訊息」（Don't love）

父母很少跟孩子有身體的接觸，孩子總是感覺父母不在身邊，或是父母離異的過程中忽略孩子的需求，也可能會讓孩子產生「不要親密的禁止訊息」，認定「我必須照顧自己」、「我絕不會相信任何人」、「關心別人是沒有用的」、「我絕不要結婚」。

上面這些「禁止訊息」不僅會讓他們跟別人保持安全的距離，也會讓他們習慣隱藏心事，周遭人很難了解他們的內心世界。

■不要正常或不要健康的「禁止訊息」（Don't be normal or Don't be healthily）

有些孩子只有在「不健康」或「不正常」的時候才會獲得父母大量的關注，可想而知，當孩子生病時得到父母最大量、最密切的注意，那孩子自然就學會用生病來得到關心，或學會用怪異行爲來獲取所需。一旦孩子內心形成「不要正常或不要健康的禁止訊息」，那麼孩子的身心病症就不會好，擔心自己健康起來，父母的注意力就不會放在自己身上。

這些「禁止訊息」形成之後，往往會在「生命腳本」中自動運作，讓人很難覺察，並且發現者多半不是自己，而是長時間相處的伴侶。諮商過程中常會有當事人問我：「禁止訊息」還有調整的可能性嗎？

調整的方向是，先從「感覺」著手，讓「感覺」呈現出來，再透過覺察「禁止訊息」的運作方式，慢慢把「禁止訊息」轉變成「允許訊息」。

但最好的方向是，從一開始就不要形成「禁止訊息」，期望可以透過這本書，告訴大家語言的力量有多大，只要學習「換個說法」，使用「正向語言」去替代「負向語言」，就能改寫「生命腳本」。

人前人後兩套說詞

□人前：大方搶著付帳。
人後：小氣抱怨對方沒有請客。

□人前：你真是天生的衣架子。
人後：穿得比聖誕樹還花俏。

□人前：你這麼有才華，未來前途不可限量。
人後：我看他一輩子就這樣了，沒有什麼搞頭了。

□人前：我最愛我太太。
人後：跟其他異性約會。

□人前：對伴侶關懷備至，照顧得無微不至。
人後：什麼也沒有做。

□人前：做人誠實最重要。
人後：我有正當的理由，不得不說謊。

上面這些「人前人後」兩套說詞，你曾經聽過哪一種？或是自己說過哪一種？如果有的話，不妨深入了解一下背後的心理狀態，何以需要「人前人後」說不一樣的話、做不一樣事情。

一個移民美國的朋友返台探親，打電話跟我問好，我當然要盡地主之誼，請對方吃個飯、見個面敘敘舊：「這麼遠回來一趟，哪能電話聊聊就算了？」

爲了讓對方嘗到家鄉的好口味，特地約在美食家推薦的台菜餐廳碰面。當天晚上，大夥聊得開心，吃得愉快，結帳的時候，朋友客氣地說，「唉呀！我們一家有三口人，而你只有一個人，怎麼好意思讓你請客？」

「你們難得回來一趟，更何況本來就說好我請你們吃飯……」話還沒說完，朋友立即把錢「塞給」服務生，看到朋友搶著付帳，我也馬上把信用卡遞給服務生，不料服務生卻拿了朋友的錢去結帳。

沒辦法，我只好把錢還給朋友，無奈對方怎麼也不肯收下：「好吧！既然你們如此客氣，那就只好說聲謝謝。」

誰知道，朋友回美國後，卻到處告訴別人，他千里迢迢回台灣一次，我非但沒有請他吃飯，還叫他請我吃飯。

何以會人前、人後有這麼大的落差？

人前大方，人後小氣

對我而言，了解心理學，不僅可以幫助我避免心靈受傷，同時也可以找到適合的應對方法。

事實上，朋友「人前、人後的落差」，是因爲他啟動了防衛機轉中的「反向作用」，將原本不見容於自己或社會的某些行爲壓抑下來，而表現出相反的行爲。也就是說，朋友覺得「小氣是不見容於自己或社會的」，所以他表現出「大方搶著付帳的行爲」。

通常會啟動「反向作用」的人，心理上會有兩個運作步驟：

第一步，先壓抑住自己和別人都無法接受的想法或慾望。

第二步，在潛意識裡為了怕別人察覺自己有這種想法，反而會表現出完全與內心想法相反的行為。

這就是何以朋友心裡面明明「希望對方請客付帳」，嘴巴上卻「堅持不肯讓對方付帳」，行爲上還要「搶著付帳」，事後卻又「抱怨對方沒有請客」。了解朋友行爲背後的

「心理運作」後，我自然釋懷，下次再跟他碰面吃飯，我就會事前先把帳單付掉，同時無論到時候場面多麼拉扯，都要請店家櫃檯務必由我結帳。

人前誇獎，人後批評

客氣是尊重別人的表現，所以，如果一個人會在背後批評別人的缺點，那就不是客氣，而是虛僞不一致。

有些人會當面誇讚對方：「您眞是會穿衣服，怎麼穿都好看。」可是轉過身馬上批評對方：「穿的比聖誕樹還花俏，簡直俗不可耐。」

或是人前親熱的摟著對方說：「我們兩個是最佳拍檔，做什麼事情都缺不了對方。」但人後卻四處宣揚：「誰跟他是最佳拍檔？他跟我一點默契都沒有，要不是因爲他，我早就獨當一面了。」

何以要出現「人前誇讚對方，人後批評對方」的不一致行爲？因爲如果雙方抱持不同意見，其實只要不刻意誇獎對方就好了，而不需要一邊誇獎一邊貶抑對方，反而會誤導對方。

幸好「人前誇讚，人後批評」的行爲很容易察覺，我的應對方法是，聽過就算了，既不用信以爲眞，更要避免參與討論，才不會影響自己的人際判斷。

違背自己的心意

客氣是一種禮貌，除了講話時措詞要有禮貌外，相處時也要避免給別人添麻煩；然而，若爲了「表現客氣」，而過度客氣，那就不自然了。

最常見到的狀況是，有些人明明肚子早就餓得「前胸貼後背」了，當有人問他：「肚子餓不餓？要不要去吃飯？」他卻說：「謝謝你的好意，我已經吃飽了。」

或許會想不通：何以要爲了客氣，而違背自己的心意呢？通常他們在成長的過程中，不太被允許說出自己的需求，久而久之，就習慣掩蓋自己的需要，所以，若發現對方會過度客氣，不妨再強力邀請一次，或許他們就會表達自己的需求。

「嘴上說的」和「心裡想的」完全相反

有個朋友每年生日前夕，都會客氣地告知眾親朋好友：「我生日的時候，你們千萬不要送我禮物。」其實聽到的人心裡都很清楚，他是在暗示大家：「我生日的時候，你們『千萬不要忘了』送我禮物。」

有句話說：「虛榮，是虛僞的產物。」因此，虛僞的人不只擁有上面這些特質，而且多多少少都有點虛榮，極端在乎別人對自己的看法，害怕說出心中的想法會得罪對方，才會人前表現的過度客氣，人後露出自己眞正的需求慾望。

每個人的成長背景不同，越是人前人後不一致，就表示他的「防衛機轉」跟「自我保護」特別多，可以思考一下：行爲背後的用意是什麼，即能找到舒服的應對之道。

「嘴巴說的」和「行為做的」完全相反

我碰過不少「說的」和「做的」相反的人。

譬如，有的人嘴巴上不斷強調，「我這個人最討厭曝光了。」可是他的所作所爲都在吸引媒體的注意；或是嘴巴上不停嚷嚷：「我最討厭別人關心我的私生活了。」但另一方面又到處跟別人傾訴他的戀愛史。

還有諮商過程中也很常見「說的」和「做的」不一致的狀況。碰到最多的狀況是，情感外遇的人會再三保證絕對沒有跟出軌的對象聯絡，可是，沒過多久，另一半就發現他和出軌對象互動的證據。如果追問何以要欺騙伴侶，就會解釋說：是外遇對象來跟他聯絡，不是他主動找對方。

通常「人前人後不一致」的人，也很善於合理化自己的行爲，或是對人有「雙重標準」，常常會給人「只許州官放火，不許百姓點燈」的感覺。因爲若詢問他們：「如果伴侶有外遇，自己可以接受嗎？」答案多半是「我不能接受。」

人前貼心照顧，人後什麼都沒有

有個朋友曾經碰過一任情人，人前對她關懷備至，照顧得無微不至，看到的人都會在朋友面前大力誇獎這個情人：「妳好幸福，遇到這麼好的對象。」或是語帶羡慕地說：「沒有見過這麼貼心的情人，我要叫另一半跟他好好學一學。」

但是，朋友的內心卻苦不堪言，因爲這些貼心舉動都是做給外人看的，回家之後情人就累了，什麼都沒有做。

朋友跟我分享自己的心情，當所有的幸福都僅存在外面的世界、別人的面前，會讓她害怕回到兩個人的世界，回家之後會產生強烈的失落感，情人的貼心其實並不是因爲自己，而是爲了要贏得別人的讚美。

有些人在愛情裡，享受的是別人羨慕的眼光，以及聽到別人讚美自己是最好的情人，所以，一旦觀眾散場就沒有動力再表演了。

人前人後雙重標準

常會看到「人前人後有雙重標準」的狀況是，有的人會在人前強調「做人誠實最重要」，可是人後卻謊話連連，假如拿出證據，證明他說的不是事實，他又會辯解「我有正當的理由，不得不說謊」，或是表明「我有不得已的苦衷才會這麼說」，或是用「我是好人，不是壞人」的說法來轉移別人注意力。

美國著名社會心理學家卡蘿・塔芙瑞斯（Carol Tavris）和艾略特・亞隆森（Elliot Aronson）在《錯不在我？》這本書中分析，人前人後之所以會有雙重標準，是因為大部分人都相信自己是誠實和正直的，所以會為自己的錯誤行為辯護，不希望打破正直的自我形象。

也因此，在做伴侶諮商的時候，我不會為任何一方的語言背書，而是會帶領雙方一起來看，這些「人前人後不一致的標準或語言」，會對彼此心理造成什麼影響，會對雙方關係造成那些破壞，還有要如何調整成「表裡一致」的說話方式。

換個說法：將「兩套說詞」練習正面表達心中的感受和想法

在人際互動的過程中，如果常常使用「兩套說詞」，輕則造成誤會，重則引發衝突，更會破壞信任感。

爲了避免人際摩擦，我們每個人或多或少都會隱藏想法，或是包裝說詞，不過，倘若總是口是心非，常常違背自己的心意，「說的」和「做的」完全相反的話，就要思考看看：何以自己和別人相處時，需要如此僞裝自我？何以不敢正面表達心中的感受和想法？

首先問問自己：「究竟有哪些擔心，以致不敢有話直說？」

譬如說：

我不敢說出眞心話，是因爲害怕別人不喜歡自己。

我不敢說出眞心話，是因爲擔心別人會不高興。

接著聽聽自己的「內在語言」：真正想說出口的話是什麼？

我很想告訴對方：這件衣服會暴露缺點，並不適合你。

我很想告訴對方，現在我肚子餓得咕咕叫，可以先吃飯再討論嗎？

然後練習：直接說出自己的需要、想法和感受。

我覺得你很適合穿硬挺的布料，會顯得很有精神。

現在我肚子餓得咕咕叫，我想要先吃飯再討論，可以嗎？

我生日快到了，我想要辦個慶生會，大家熱鬧一下。

當自己可以毫無負擔的說出感受和想法，就能享受眞誠一致的人際互動的樂趣。

「曖昧溝通」的說話方式

□沒什麼啦，我哪有生氣。
□你一定覺得我能力很差，對不對？
□全部都是我的錯，你儘管罵我好了。
□你說的是，我也知道，但是我的狀況不一樣，你的建議用不上。
□你有哪些毛病，我還會不知道嗎？
□要不是為了你，我早就飛黃騰達。
□我很忙，沒時間跟你說話。
□你是我最親密的人，難道還要我明白說出來嗎？
□看你的誠意。

上面這些話語聽過或說過嗎？如果有的話，就代表自己或對方的說話方式屬於「曖昧溝通」。

心理學家柏恩在《人玩的遊戲》（Games People Play）這本書中，生動而傳神地列舉了六種常見的曖昧說話方式。

■「動作發洩」的說話方式（Up roar）

有些人心裡不愉快，或生氣的時候，不會直接表達內心的不滿；他們會繃著一張臉，用力地說：「沒什麼啦！我哪有生氣。」

或是用不耐煩的語氣表示：「算了，算了！不跟你計較。」一邊說還一邊發出乒乒乒乒的巨響。

■「打我罵我」的說話方式（Kick me）

有些人喜歡用可憐兮兮的語調詢問別人：「你一定不會喜歡我，對不對？」「你一定覺得我能力很差，對不對？」每每讓被問者不知如何回答。

常常使用「打我罵我」說話方式的人，在工作的時候，亦常會否定自己的能力：「全部都是我的錯，你儘管罵我好了。」好像聽到別人罵他，就會覺得好過一點。

「是的，不過」的說話方式（Yes, but）

「你說的是，我也知道，但是我的狀況不一樣，你的建議用不上。」

有些人會先假意接受別人的意見：「我覺得你的意見很好……」，然後再加以否決：「不過，實際執行起來，會面臨很多的難題……」

事實上，倘若他眞的覺得對方的意見很好，就不會全盤否決，而會提出一些意見讓對方參考。通常，在講話過程中，常常會使用「不過」、「可是」、「但是」這些否定字彙的人，行事作風往往喜歡「壓倒對方」，不容易認同別人的做法。

「逮到把柄」的說話方式（Now I've gotyou）

有些人特別酷愛刺探別人的隱私，或是用神祕兮兮的語氣說：「我知道你的祕密喔！」或是用審判長的語調說：「你有哪些毛病，我還會不知道嗎？」

或是用警察抓小偷的口氣說：「你那點小把戲，逃得出我的眼睛嗎？」

其實，他們的內心深處，最怕被別人抓到缺點、看出弱點，爲了自保，乾脆先下手爲強，努力揭開別人的錯誤。

「要不是因為你」的說話方式（If it weren't you）

有些人總是把責任推給別人：「要不是因爲你動作那麼慢，我們也不會遲到。」或是把過錯歸咎給別人：「要不是因爲你那麼笨，事情也不會搞砸。」

甚至把自己事業不如意的責任，歸因到伴侶身上：「要不是爲了你，我早就飛黃騰達。」總而言之，如果有錯，一切都是別人的錯，自己一點錯都沒有。

「看我多努力」的說話方式（Look how hard I've tried）

有些人很怕被人發覺他「沒事幹」，只要有人問他：「最近在忙些什麼？」馬上會表現出「忙得不得了」的樣子，然後急呼呼地告訴對方：「我現在要做這、做那，沒時間跟你說話。」或是在大家要分配工作的時候說：「我還有很多事情要忙。」「我還有很多報告看都看不完。」別人自然不敢幫他分配工作。

上面這六種「曖昧溝通」說話方式，是否覺得很熟悉，好像曾經在哪裡聽過？事實上，我們每個人都會不自覺使用上面所列的各種說話方式，有時出於自我壓抑，有時想要達到目的，有時基於抒發情緒，有時爲了自我保護。

所謂「曖昧溝通」，並不只限於情人之間的曖昧語言，互相傳遞意向未明的情愫。

「曖昧溝通」是指，一種溝通裡面有「兩種意義」或是暗藏「雙重訊息」，最常見的就是「嘴巴說的話」與「心中的期待」不一樣。

通常雙方在「曖昧溝通」時，都沒有覺察到「社交訊息」與「心理訊息」不一致。「社交訊息」是指嘴巴上說的話，「心理訊息」則是話中有話，或是部份心中的期待沒有說出口，或是訊息不完整，需要對方揣摩意涵。

很多「曖昧溝通」的人會認為：「你是我最親密的人，難道還要我明白說出來嗎？真是太不了解我了。」

曾經遇過一對夫妻朋友，因爲「曖昧溝通」而導致多年婚姻衝突不斷。

有次跟太太聊天，太太很難過的表示，多年前剛生產完，先生卻把她一個人丟在醫院，自己回家休息。

聽到這裡，是否會覺得先生很不體貼，怎麼沒有留在醫院照顧太太？等到了解事情的全貌之後，發現其實是「曖昧溝通」導致雙方誤解。

還原當時的對話，太太剛生產完，詢問在一旁陪伴的先生說：「你累了吧！要不要回去休息？」

先生聽了，便反問太太：「你確定嗎？」太太肯定的回答：「我確定，你在這裡什麼忙也幫不上，醫護人員都比你會照顧我。」先生覺得太太的說明很有道理，就安心回家休息。哪裡知道，等他離開後，太太就在醫院暗自垂淚。

事實上，太太內心希望先生聽了自己的詢問，會立即表達愛意：辛苦太太了，累的人是你，要不要休息了，需要我做什麼嗎？沒有想到先生的回覆跟自己預期的完全不同。

另一句常常聽到的「曖昧溝通」是：「看你的誠意。」因爲訊息不完整，所以不管對方多麼努力展現誠意，都可能得到「誠意不夠」的答案，最後雙方不歡而散。

了解不同的說話方式，目的不是爲了分析指責對方，而是要經由洞悉對方的心理思考邏輯，一方面保護自己，不受對方的言語所影響；另一方面也可以清楚說明自己的意思，澄清訊息後再回應對方，才不會耗損彼此的心理能量。

換個說法：改變「曖昧溝通」的說話方式

由於「曖昧溝通」很容易累積負向情緒，導致負向結局，久而久之，反而不利於正向溝通。

要改變「曖昧溝通」的說話方式，**第一步，先增進自我覺察**，如果自己總是使用同樣一種說話方式，就要留心觀察，何以會特別偏愛此種說話方式？有沒有什麼特殊原因？

第二步，鼓勵自己清楚講出自己心中的想法和感受。

了解自己的想法：「眞正想要的是什麼？」

探索自己的感受：「不舒服的地方是什麼？」

第三步，練習表達感覺，說出需求，提出期望，說出以前不敢說的話，感受到自我力量的存在。

第四步，重新建構新的經驗，把重心放在下一步要做什麼，嘗試不同的作法與改變。

舉一個實際例子來說明，如果自己常常勉強答應同仁的請求，雖然心中非常不願意，但嘴巴上卻回應對方：「好吧！你要我幫的忙是什麼？但是，我自己也有很多工作要做。」

然後邊做邊發出不開心的聲音。

這個時候，可以按照上面的步驟引導自己改變「曖昧溝通」的說話方式。

先了解自己的想法：「工作時有些時候我會覺得很沮喪，因爲有些同仁不考慮別人的需要，加上我又沒有辦法開口拒絕，只好勉強答應他們的要求。」

再探索自己的感受：「我需要被了解，我又不是一部工作的機器。」

然後表達感覺：「我不想勉強自己做額外的工作。」

接著提出期望：「自己需要什麼協助？」

嘗試不同的作法與改變：「覺得現在有什麼力量，可以協助自己改變這樣的狀況？」

思考下一步要做什麼：「可以做些什麼調整？」

等到自己清楚心中的想法和感受，就可以開口說出自己的眞實狀況：「我手上目前有幾件工作，都有時效性，這次無法協助你。」說出自己的困難點，既無需勉強自己接下額外的工作，也不會破壞關係，關鍵是說話的技巧。

測驗

哪一種說話類型的人適合談戀愛？哪一種說話類型的人難以溝通？

※測驗開始：

下面這幾類「說話類型」中，自己傾向哪一種？

□**第一類：**說話像「父母」一樣，常會給對方建議，指導怎麼做比較好，強調「責任感」的重要性。

□**第二類：**說話像「關懷保母」一樣，常會關心、照護、接納、鼓勵、支持對方。

□**第三類：**說話像「自由兒童」，懷有「赤子之心」，個性天真活潑、創意幽默，能夠輕鬆表露自己的感覺。

□**第四類：**說話像「順從小孩」一樣，常會壓抑自我想法，努力妥協配合對方。

□**第五類：**說話像個「成熟大人」，可以自然的澄清事實，說出自己的需要。

你的「說話類型」屬於哪一種？不同的場合會有不同的「說話類型」嗎？跟不同的對象溝通會用不同的「說話類型」嗎？

人際溝通分析學派（TA）以「自我狀態」（ego state）來說明人格的三個部分，我們每個人都有這三種不同的「自我狀態」，包括「父母自我狀態」（Parent）、「成人自我狀態」（Adult）、「兒童自我狀態」（Child），但是「比例」不同，就會呈現出不同的行為、想法和感受，有的人「父母」的比例較大，有的人「成人」的比例較大，有的人「兒童」的比例較大，不同的比例就能排列出不同的人格組合。

不妨透過測驗，畫出自己的人格比例圖，同時自我覺察：這樣的人格組合有利於人際互動？還是會阻礙人際溝通？

※結果分析：

■說話像「父母」一樣

在人格組合中，「父母」（Parent）的功能在於，保護、教養、要求、關心，還有設立標準。不過「父母」又有兩種不同的特質，一種是屬於「嚴格父母」，一種是屬於「關懷保母」。

「嚴格父母」比例較多的人，會有下面這些行為及特質：

- 對自己和他人都很嚴格，責任心重。
- 擁有判斷力和行動力。

● 理想主義傾向，較缺乏幽默感。

● 比較不通融，較不易與家人親近。

● 人我互動時，會掌握主導權，控制力強，往往會有過勞和獨斷的傾向。

■說話像「關懷保母」一樣

「關懷保母」比例較多的人，會有下面這些行為及特質：

● 關懷他人，心思細膩，個性溫柔，富有同情心，對人的包容性大，因此受人歡迎，但也容易成為別人依賴的對象。

● 有時候會過度熱心，大體而言，社會適應良好。

● 「關懷保母」比例高的人，有時候會過度保護或是干涉別人，會讓別人覺得侵犯到其自主性，或是會太過放縱別人。

■說話像「自由兒童」一樣

在人格組合中，兒童（Child）的功能在於：天真、有愛、有恨、有創造力、服從，不過「兒童」又有兩種不同的特質，一種是屬於「自由兒童」，一種是屬於「順從小孩」。

「**自由兒童**」**比例較多的人，會有下面這些行為及特質**：

● 直覺力強，創造力豐沛，好奇心旺盛，行事風格以自我喜好為依歸，比較容易自我中心，但若太過自我，會給別人任性的感覺。

● 個性自由奔放，反應快速敏捷，活力充沛，情緒起伏較為明顯。

■說話像「順從小孩」一樣

「**順從小孩**」**比例較多的人，會有下面這些行為及特質**：

● 個性依賴，服從性強，協調性高，缺乏自信，容易看別人的臉色行事，較少主動，常會期望或等待別人指示，一旦需要自己做決定、自己負責任，就會慌亂不安。

● 常會做不必要的忍耐，有時候會隱藏對別人的敵意。

■說話像個「成熟大人」一樣

在人格組合中，成人自我（Adult）的功能在於，充滿理性、深思熟慮、解決問題，有助於理性溝通，說出自己的需求。

「成熟大人」比例較多的人，會有下面這些行為及特質：

- 處世冷靜，適應力強，能夠自我肯定。
- 但若太過理性，有時候也會給人機械化、精打細算，或是枯燥乏味，不夠有人情味的感覺。

哪一種說話類型的人適合談戀愛？

從「愛情」的角度而言，大部分人喜歡跟特質是「關懷保母」加上「自由兒童」的情人談戀愛，因為混合這兩種說話特質的情人，既溫暖又有趣，最能滿足自己的需要，也最不會對自己提出要求。

雖然「自由兒童」很適合談戀愛，但若比例太多，有時會讓情人覺得無理取鬧，不懂得拿捏行為分寸。還有些人是談戀愛時是「自由兒童」，可是一回到工作崗位就立刻變成「成熟大人」，如果不清楚對方的轉變，依然用「自由兒童」的說話方式跟對方溝通，很可能會讓對方覺得不恰當。要是對方的轉變更大，從「自由兒童」變成「嚴格父母」，就會責備情人太過幼稚。

哪一種說話類型的人難以溝通？

大多數人的答案都是最不愛和「嚴格父母」的情人討論事情，覺得他們既專權又固執，根本講不通。

何以「嚴格父母」的人最難溝通？一方面是因為他們「只想說教」，另一方面是他們的說話方式很容易激起對方的「反抗情緒」，導致溝通的過程阻礙重重。

所以，如果想讓溝通順暢，不妨微調自己的人格比例，多一點「成熟大人」或加一點「關懷保母」，溝通的感覺就會既溫暖又不失理性。

哪些語言屬於應酬話？

□我再打電話給你。

□沒問題，到時候我一定來。

□我們下次再約吃飯。

上面這些話語聽過或說過嗎？如果有的話，代表對方可能正在說「應酬話」，需要再三確認，才不會造成誤解。

在國語辭典中對「應酬話」下了一個註解：虛應交際所說的話，如「那只是一些應酬話，不能當眞的」。

國語辭典不只詮釋了什麼是「應酬話」，同時也告訴我們「應對之道：不能當眞的」。

剛出社會時，常常會分不清什麼是應酬話？什麼是眞心話？有人邀請，就相信是眞心誠意；有人承諾，便深信諾言會有兌現的一天。

然而，歷經多次失望的經驗後，終於了解，有些話純屬應酬，它的意義就跟「你好」

一樣，沒有眞實的意義。截至目前爲止，聽過次數最多的社會應酬話，一句是：「我再打電話給你。」另一句是：「沒問題，到時候我一定來。」

別小看這兩句話的威力，它不知讓多少人心神不寧，讓多少人期待落空，讓多少人慘遭挨罵。

我再打電話給你

有段時間，同仁小茹只要離開座位，不管是上廁所五分鐘，買便當十五分鐘，開會一兩個小時，回來後就會問左右同仁：「有沒有我的電話？」

「沒有喔。」由於這句話出現的頻率實在太高了，幾乎每位同仁都被問得有點煩。「眞的沒有嗎？」每次小茹都會不死心地再追問一次，好像大家聯合起來不告訴她。除此之外，小茹也會不斷檢查自己的手機，深怕錯過任何一通電話。大家看她心神不寧，便想各種方法引導她說出原因，小茹總算鬆口，她語帶傷心地說：「就是上個禮拜天，認識了一個男的朋友，他跟我說：『我明天打電話給妳。』，可是，等到現在都沒有接到他的電話。」

這個時候，大家都異口同聲地說：「這是應酬話，你也當眞？」但奇妙的是，不少人在失望過幾次之後，似乎也發現這句話的妙用，往往會在道別的時候不自覺地脫口而出。

有個朋友的答案轉得非常有道理，因爲這樣比較有交代，光是說聲「再見」好像太過敷衍了事，若再加句：「我再打電話給你。」做爲道別的結語，大家就會分手得比較安心。所以，下次聽到這句話時，就把它當成「早安」、「晚安」之類的應酬話，不需要太認眞，以免一顆心在「期盼」與「失望」的潮水中飄來盪去，起伏難安。

到時候我一定來

每次舉辦活動，在打邀請電話時，大概都可以聽到這句話：「沒問題，到時候我一定來。」好友小叮噹生平第一次接辦活動，就碰上公司十周年慶酒會這種大案子。雖然在老闆面前他一副信心十足的架式，其實私底下他急得像熱鍋上的螞蟻，到處搬救兵：「怎麼辦？我們老闆想要邀請政商顯貴及知名人士蒞臨酒會致詞，可是，我都不認識，怎麼辦，大家一定要幫我。」在小叮噹的苦苦哀求下，很多朋友都「樂捐」了一些名人的聯絡電話給他，但成不成功就看小叮噹個人的努力了。

過沒幾天，小叮噹非常興奮的打電話跟大家報喜：「邀請名人沒有想像中困難，現在已經有好幾位名人很爽快地回應：『到時候我一定來。』」我彷彿看到小叮噹手比勝利V字的畫面。就像小孩考試考了一百分，小叮噹立刻興匆匆地跑去稟告老闆這個天大的好消息。全公司都籠罩在歡欣鼓舞的氣氛中，大家都很期待看到十周年慶酒會那天冠蓋雲集的盛大場面。

酒會當天，小叮噹就像陀螺般地轉來轉去，因爲有不少位承諾「到時候我一定來」的名人始終沒有出現。爲了避免來賓致詞會開天窗，小叮噹不斷的穿梭在人群中，只要看到任何可以致詞的人，便馬上趕鴨子上臺致詞。

酒會結束後，小叮噹依然百思不得其解，站在會場角落喃喃自語：「他們明明說好，到時候一定來的啊！怎麼會這樣呢？」

剛出社會時跟小叮噹一樣，若是有人親口答應「到時候我一定來」，便覺得對方「應該會到」，不然就是爽約，就是說話不算數。不過，現在不會這麼天眞，會換個角度想，對方大概是沒有時間赴約，才會拿這句話當擋箭牌。很多人都知道酒會、記者會皆會邀請一大堆的貴賓參加，但是受邀者多半會心想「反正不差我一個人」，乾脆先答應下來，到時候有空就去，沒空就算了，這個答案總比一口回絕讓對方傷心挫折好多了。

因此，倘若非請到這位貴賓不可的話，不能光憑「到時候我一定到」這句話，就以爲自己達成任務；還必須發揮三顧茅蘆的精神，先打電話口頭邀請對方，再寄邀請函以示愼重，最後仍需打通電話提醒對方。

此外，也需要事先告知對方「扮演的角色」，是單純當個貴賓，還是需要上臺致詞？有沒有車馬費用？要做哪些準備？務必確定對方將你的邀請排進「不會臨時取消」的行程中，才能放心地對外公布貴賓名單。

愛講應酬話的人格特質

許多愛講應酬話的人都屬於「討好型」人格，很擔心得罪別人，即使內心已經把對方列入「不再聯絡」的名單中，嘴巴上仍然表現得熱絡多禮。

也有些人是害怕尷尬衝突的氣氛，只求「表面和諧」，不管對方會不會心靈受傷。也有人是很難開口拒絕別人，「拒絕別人」就等於「破壞關係」，所以他們寧可「失信於人」，也不願直接拒絕。

有的人是希望事情隨時有「變卦」的空間，往好處看是「彈性很大」，朝壞處看是「缺乏原則」，有些時候，越想要兩全其美，越容易兩面難做人。

換個說法：將「應酬話」換成「誠懇說出自己的困難點」

要一個不善於當面拒絕別人的人開口 Say No，的確需要莫大的勇氣。萬一拒絕對方後情緒反彈強烈，毫不留情面的人身攻擊：「連一點做人的道理都不懂。」說不定還會造成反效果，從此更加不敢拒絕別人。

因此，鍛鍊「拒絕的勇氣」，不妨採用行爲學派中的「系統減敏感法」，也就是循序漸進，先從關係親密的家人開始練起，就算被拒絕亦不會太過驚慌，再慢慢練習到比較信賴的朋友，然後逐步擴展到普通朋友。

練習「拒絕的技巧」的時候，態度要堅定，語氣要客氣。若要減輕焦慮的感覺，不妨默默在心裡反覆提醒自己：「我並沒有拒絕對方，我只是拒絕這次邀請而已。」逐漸打破「拒絕別人就等於破壞關係」的想法。

拒絕別人的邀請或要求，難免會碰到「人情壓力」，當對方苦苦哀求說：「拜託，賣我一個面子。」或是用撒嬌的聲音說：「我知道，你人最好了，一定不會讓我失望的。」

這個時候，可以先「禮貌性的道歉」，再補充「無法答應的原因」：「對不起，那天我剛好有個重要的會議要開，謝謝你的熱情邀請。」原因不要解釋太多太長，以免給人「找藉口」的印象；要是被對方的說詞打動了，以後要拒絕別人就更難啟齒了。

從「逃避責任的藉口」聽出暗藏的人格動機

□那又不是我的錯。

□沒有人跟我說要做什麼。

□我什麼都不知道、不清楚，所以什麼也沒有做。

□都沒有人在旁邊看我怎麼做，我怎麼曉得怎麼做才對？

□我不知道這件事情有這麼急。

□主管叫我那樣做，你又叫我這樣做，我怎麼知道要聽誰的？

□這不關我的事。

□再等等看吧！

□再輪也輪不到我來做。

□天塌下來還有高個子頂著。

□別人的爛攤子，卻怪到我頭上。

上面這些話語聽過或說過嗎？如果有的話，不只可以從這些「逃避責任的藉口」中聽

出對方暗藏的人格動機，更能找到適合的應對方式，讓對方負起責任。

無論是何種人際關係，相信大家都遇過逃避責任的人，如果這個人是朋友，我們很容易區分這是自己的議題，還是對方的議題，大多不會引發情緒，更不會費心想要改變對方。但若這個人是你的伴侶、孩子、同仁，就沒有辦法置身事外，因爲當對方逃避責任，責任往往就會落到你的頭上，被迫要爲對方善後，久而久之，對方逃避責任的行爲，不只會大量增加你的工作負擔，更會耗損你的身心健康。

事實上，「逃避責任的人」有各種不同的類型，要想把責任成功還給他們，可以從他們「逃避責任的藉口」中聽出暗藏的動機，再根據他們的人格特質，找到有效的方法把責任歸還給他們。

「善於躲避責任」的人格動機

逃避責任的人格類型中，有一種類型會表現出自己也是一頭霧水，什麼都不知道，他們常常說的「逃避責任的藉口」有下面這幾句：

「沒有人跟我說要做什麼啊！」

「我不知道這件事情有這麼急。」

「主管叫我那樣做，你又叫我這樣做，我不知道要聽誰的？」

「我什麼都不知道、不清楚，所以什麼也沒有做。」

「都沒有人在旁邊看我怎麼做，我不曉得怎麼做才對？」

很多人在面對事情時，習慣用「我不知道」來逃避責任，其實從心理的角度，這代表他們已經啟動防衛，努力保護自己的心理不要受到傷害和責難。

讓對方負起責任的方法：先讓事情清楚明白，再降低對方的防衛態度，開始思考解決方法。

碰到善於躲避責任的人，要讓對方負起責任的第一種方法是，先讓事情清楚明白，這樣對方才能做到答應的事情。

接下來可以詢問對方：「哪件事情現在做不到？」以及「如何讓這件事變成可能？」這兩個問題可以讓原本態度防衛、封閉、自私，愛找藉口的人，態度轉變成開放，願意思索如何去執行原本認爲不可行的計畫，說出對方心中認爲不可能做到的事情時，比較可能降低對方的防備態度，開始思考解決方法，並且與你合作。

有一次到企業做訓練，主題是「如何運用心理學提升顧客的滿意度」，我拋出的提問是：「有沒有什麼事情是大家現在覺得做不到，但若做到可以大大提升顧客的滿意度？」何以我要用這個反向提問，因爲如果我直接問：「做些什麼調整可以大大提升顧客的滿意度？」大家就會覺得「可以做的都做了」、「我們現在做的顧客就已經很滿意了」、「不知道還能再做什麼」，所以，這個提問的用意，就是要降低對方的防衛心理，開始思考問題解決的方法。

把自己的「責任範圍」縮小的人格動機

另一種逃避責任的人格類型是「把自己的責任範圍縮小」，他們常常會說：「這不關我的事。」

讓對方負起責任的方法：先同理對方的感受，再讓對方說出心裡的話，並且提出可以執行的解決方案。

碰到想要「把自己的責任範圍縮小」的人，可以先同理對方的感受說：「我想你會覺得自己做不到我要求的事，對吧？」

如果對方點點頭回答「對」時，就代表你了解他的處境，會有效減少對方內心的抗拒。然後接著說：「我猜，你很想直接告訴我你做不到，對不對？」對方很可能會同意地點點頭，甚至回答：「沒錯。」

最後詢問對方說：「你認為要完成這件事，除非是什麼狀況……。」說完後要停頓一下，讓對方填空，說出心裡的話。之後就可以跟對方一起合作，讓對方提出有效執行的解決方案。

態度被動的人格動機

一般而言，態度被動的人即使看到失誤、發現問題，也會置之不理，任由問題變得越來越嚴重，他們跟自己說的「內在語言」常常是下面這幾句：

「再等等看吧！」

「再輪也輪不到我來做。」

「遲早會有人出面解決的。」

「天塌下來還有高個子頂著。」

如果細心觀察會發現，不少態度被動的人屬於「有能力但沒有盡全力」的人格動機，如果放任他們得過且過，問題會愈滾愈大。

■ 讓對方負起責任的方法：六個步驟建立責任感

碰到「有能力但沒有盡全力」的人，不妨試試下面六個步驟，可以逐步擴大對方的責任感。

第一步：告訴對方你想花個十分鐘和他小聊一下，時間最好訂在他可以專心談話的時候，要是對方說可以馬上放下手邊的事情過來找你，不妨禮貌地說：「不是很緊急，可以等他忙完之後再過來。」

第二步：先想出三個可能會讓對方覺得不滿的地方，越明確越具體越好。譬如說，你覺得對方會不滿常常丟給他無聊的案子，沒有給他足夠的預算購買想要的配備，有時候別人的爛攤子，卻怪在他頭上。

這個時候要先放下自己對他不滿的地方，設身處地以對方的立場來思考。

第三步：跟對方會談時，對方可能會以爲你要責怪他而有防備心，但這個方法成功的關鍵是，要讓對方出乎意外：「你大概預期我會像平常那樣告訴你哪裡不對、哪裡做錯，但是我一直在思考爲何你會有這樣的態度，或許是我讓你失望了，有幾件事也許你不敢說，這些事情應該是……」明確說出你覺得讓他感到失望的事。

第四步：眞誠的詢問對方：「我講的這些都對嗎？如果不是的話，那我做了什麼讓你覺得不舒服的事情？可以說說看嗎？」

好好傾聽對方要講的話，聽完後稍停一會再說：「這些事情對你來說有多困擾？」

第五步：在對方回答你提出來的問題之後，眞誠地說：「是喔！我都沒發覺，很抱歉，以後我會調整。」然後停住不要說話，如果對方問：「還有其他的事嗎？」

你要真誠地說：「沒有了，我想講的就這樣，很感謝你告訴我實話。」

第六步：可以回應對方：「我知道有些地方我忽略了，也知道你不敢告訴我，如果我能了解自己的盲點，可以做得更好，創造出更優質的工作環境。」

接著也可以跟對方討論：如何創造讓他好好工作的環境。

想讓態度被動的人負起責任，如果當面指正對方，承諾以後會改進，事實上，只是在樹立新敵，即使對方表面唯唯諾諾，但只要有機會，對方就會想辦法逃避責任。

上面這六個步驟很適合主管或家長用來建立同仁或孩子的責任感，諮商的過程中我常會分享給有需要的主管和家長，但成功的關鍵在於，語言的熟悉程度，以及理解每個步驟的用意，融會貫通之後，多半可以大幅提升被動者的責任感。

如何判斷對方的語言是否「誇大不實」？

要跟一個人合作的時候，第一個要做的功課就是，聽出對方的「說話的可信度」有多高？

檢測法(1)：先把他話中所有的「形容詞」刪除，然後再把「事實」重新組合一遍。

檢測法(2)：從細節說明判斷出眞相。

檢測法(3)：注意說話的人會不會受聽眾反應所左右。

跟一個人交往互動，如果對方的語言都是誇大不實的，會對雙方的關係，還有人與人之間的信任、情感造成什麼影響呢？倘若只有幾面之緣，自然不會對心理產生太大影響，但若是合作關係、情人伴侶，就有可能會質疑自己的判斷力。

「誇大其詞」背後的各種心理動機

■渴望別人的關心

朋友毛毛有一次上班途中，車子不小心被摩托車撞了一下，結果到公司之後他逢人便說，今天早上發生「連環大車禍」，害他差一點腦震盪，幸虧他平日「做了不少善事、積了不少德」，才能躲過一劫……。

一個做事非常精確的同事，請他把當時的車禍現場畫出來，看看肇事責任該歸給誰？這個時候，毛毛便推說，車禍發生時現場一片混亂，他根本弄不清楚誰撞到誰？

其實不是他記不清楚車禍現場發生了什麼事情，而是根本沒有發生什麼連環大車禍，毛毛要的，只是別人的問候及關心罷了。

有些極度需要別人關心的人，往往會用誇張語言，以及悲慘的遭遇，來引人注意。

■需要別人的讚美

在媒體工作的時候，有個朋友提了一盒蛋糕來探班，他小心翼翼地拿出蛋糕，然後不好意思地跟大家說：「這是我自己親手做的，你們嘗嘗看好不好吃？」

對不太會做家事的我來說，朋友的手簡直比魔術師還要厲害，他做的蛋糕不但綿密到入口即化，而且連擠奶油的功力都有職業水準，讓我忍不住一邊吃蛋糕一邊誇讚他那雙巧手。

朋友走後，有個同事帶著懷疑的口吻問我：「我覺得剛才吃的那個蛋糕，跟某家店賣的很像，無論口感或形狀都一模一樣。」聽了同事的話，換成我困惑：「就算眞的是用買的，不是朋友親手做的，我們還是會感謝他，何以要這麼說呢？」

爲了要不要問對方「蛋糕到底是買的？亦是自己做的？」我和同事討論了老半天，最後還是決定「不要戳破對方的氣球」，因爲不管怎麼說，對方帶蛋糕給我們吃都是一番好意，不是嗎？

隨著社會經驗越來越豐富，也遇到越來越多「爲了贏得別人的讚美」而誇大其詞的人，有些人會捏造自己的豐功偉業，有些人會把自己形容的多才多藝，事實上只略懂一點皮毛。看來，需要靠別人掌聲來感受自己存在的人還眞不少。

渴望讓人刮目相看

有個朋友身穿名牌服飾，手戴昂貴名錶，平日以百萬名車代步。光看表面的排場，很多人都以爲他賺了大錢，但了解內情的人都知道，他是「打腫臉充胖子」，不曉得刷爆了多少張信用卡。

這個朋友不僅穿著誇張，講話更是誇大，常常會在別人面前吹噓，他官做得有多大，名片上的頭銜是堂堂協理，在公司的權利大到可以呼風喚雨，沒有人敢不買他的帳。

喜歡強調自己擁有影響力的人，常常會在別人面前吹噓，職位做得有多高，人脈有多寬廣，認識多少名人，一通電話就能擺平麻煩，這些語言及行爲的背後，都是希望別人把他當成重要的貴賓來款待。

如何檢測語言是否誇大不實？

在這個講究「包裝」的時代，每個人都難免會誇大一點，不然，別人就會覺得你講的話「不夠有趣」、「不夠分量」。也因此，剛認識一個人的時候，第一個要做的功課就是測出對方的「說話的可信度」有多高？

檢測法⑴：先把他話中所有的「形容詞」刪除，然後再把「事實」重新組合一遍

要測一個人的可信度有多高？我的方法是，先把他話中所有的「形容詞」刪除，然後再把「事實」重新組合一遍。

假如直覺告訴我：「哪有這麼誇張的事情？」或是「這件事情的過程太不合邏輯了。」我就會想辦法印證：對方說的話和事實有多大出入？是全部捏造？還是部分誇大？

倘若發覺對方講話常常會「誇大其詞」，那就要對這個人說的話「打點折扣」，不要照單全收；尤其是跟工作有關的事情，更需要再三印證。

檢測法⑵：從細節說明判斷出真相

我有一門課程是在教授企業的人資部門「如何判斷求職者的危險行爲因子」，很多從事人資工作者都很苦惱，如何在面談的過程中正確判斷：求職者「所說的」跟未來工作時「所做的」是一樣的，而不會在面談時把自己說的很厲害，可是實際工作後卻發現是吹噓誇大，造成公司的損失。

有次看到電動車特斯拉（Tesla）的創辦人馬斯克（Elon Musk）分享他面試求職者的心得，對於怎麼分辨對方是「吹噓」還是「事實」的技巧，非常值得參考。

馬斯克每次與求職者面談的時候，必定會問一題：「請告訴我：你遇過最棘手的問題，以及你如何解決那個問題。」因爲馬斯克發現：「眞正解決問題的人，講得出細節，他們知道解決問題的關鍵是什麼。」另外他也清楚：「眞正遇過棘手問題的人，絕不會忘記當時痛苦的情況。」

從對方說明處理細節的過程，還可以適時提問，倘若對方的回答都是「很簡單」，或是「很快就排除困難」、「時間太趕才會無法完成」，就需要再印證一下。

舉個例子來說，曾經有科技業的人資應徵寫程式的工程師，其中一個求職者做到一半後表示「由於時間不夠充裕」，所以沒有全部完成，當時人資部門跟單位主管都認爲，這個求職者的專業程度還算足夠，也很認眞完成一半，便邀請他進公司，但之後這個同仁的工作卻始終都無法完成，總是做到一半，經過一段時間才找到眞正原因，事實是他只會寫前半段程式而不會寫後半段的程式，如果他坦承自己的困境，公司其實可以協助他解決困難，但他卻總是把問題推給「時間太趕，才會做不出來」，而且會把做不出來的責任推給催促他的人身上。

檢測法⑶：注意說話的人會不會受聽眾反應所左右

另一個測量方法是，我會注意說話的人會不會受聽眾反應所左右？通常一個喜歡吹噓誇大的人，都非常在乎聽眾的反應，當聽眾的反應越熱烈，他們就講得越起勁。

講話有時候就像寫作文，寫記敘文的時候，自然要誇張一點，多用一點形容詞，要不然，就像在記流水帳，完全吸引不了別人的注意力。不過，在寫論說文的時候，就不能太過吹噓，需要符合事實，才能避免讓別人覺得說話不夠眞實，可信度很低，不利於信任感的建立。

換個說法：將「誇大的說法」換成「具體描述事實的語句」

發現自己講話有誇大的傾向時，試著刪除與主題無關的形容詞，學習具體描述客觀事實。

譬如，有人請你幫忙找工作，原本想說：「我認識一堆上市上櫃公司的大老闆，幫你安排職位，只要打通電話，比叫外送還要快速簡單，等著聽我的好消息。」

不妨換成具體描述事實的語句：「我朋友的公司可能有一些工作機會，我先打聽看看，再給你消息。」

過度誇大自我實力，很容易提高別人的期待，屆時若做不到，就會給自己帶來壓力，長久下來，也會降低別人對自己的信賴感，反而失去渴望的友誼。

哪些話容易產生誤會？

□如果夠愛我，就應該知道我喜歡什麼。

□如果在乎我，做決定之前，就應該會想到我。

□如果重視我，就應該照我說的話做。

□我以為你在生氣。

□明明知道我需要什麼，卻偏偏不給我。

□如果你不先打電話來講清楚，那我也不會主動打電話給你。

□事情不是你想的那樣。

□搞不清楚狀況就亂發飆。

上面這些話聽過或說過嗎？如果有的話，就表示你的溝通方式很容易產生誤會，不妨自我覺察一下。

「誤會」就像威力強大的病毒，無論家人、情侶、朋友間擁有再好的默契、再久的交情，都抵不住它的一再破壞。誤會很少在陌生的關係中發作，它似乎偏愛發生在熱戀中的情侶，或是重視家人意見的人身上。

多年的心理諮商經驗，我發現下面這幾種狀況最容易產生誤會。

「假設性的想法與推論」容易導致誤會

倘若雙方的溝通建立在「假設」上，就可能會出現下面這些想法：「認爲對方應該了解自己」。

※如果你夠愛我，就應該知道我喜歡什麼。

※如果你在乎我，做決定之前，就應該會想到我。

※如果你重視我，就應該照我說的話做。

這些「假設性的想法」，之所以容易導致誤會，是因爲存在有邏輯的偏誤：

※如果你夠愛我，就應該知道我喜歡什麼。

反過來說，如果你不知道我喜歡什麼，就意味你不愛我。

※如果你在乎我，做決定之前，就應該會想到我。

反過來說，如果你做決定時沒有想到我，就代表你不在乎我。

※如果你重視我，就應該照我說的話做。

反過來說，如果你沒有照我說的話做，就代表你不重視我。

當對方沒有按照自己「假設性的想法」去做，就推論對方不愛自己、不在乎自己、不重視自己。這樣的推論，往往忽略現實的狀況、忽略對方的特質、忽略還有其他的可能性，無論是處於任何人際關係，都很容易導致誤會發生。

「水晶球語言」容易導致誤會

不少熱戀中的情侶，都渴望擁有一座「水晶球」可以透視情人心理，全面掌控對方的行蹤及思想。

諮商過程中，我最常聽到的「水晶球語言」是「我以爲你……」：

※我以爲你在生氣。

※我以爲你覺得我很無趣。

※我以爲你比較喜歡什麼樣的人。

由於這些「水晶球語言」都是自己內在想法的投射，所以會感覺很眞實，很容易說服自己「這是眞的」、「他的感覺就是這樣」。

而「誤會」之所以有機可趁，通常是因爲伴侶「自以爲很了解對方」，能夠解讀對方的心意，沒想到結果正好相反，才會造成誤會。

「負向語言」容易讓對方誤會自己的意思

很多人在溝通的時候喜歡使用「負向語言」，這種說話方式很容易讓對方做「負向解讀」，也常會造成誤會。

※當一方說：「都沒有人聽我說話。」對方卻解讀成：「你認爲我不是人嗎？」雙方要表達的意思完全誤解了。

※當一方說：「我爲這個家的付出你都視而不見。」對方卻解讀成：「你是在罵我是瞎子。」雙方要傳遞的重點都接收不到。

情人之間，究竟是因爲誤會，才導致愛情變質？還是因爲感情有了裂痕，才會產生誤會？

陰錯陽差的誤會

宛男第一眼看到明威，整個人就像剛換了電池的手電筒，突然亮了起來。明威彷彿是上帝派來的天使，洞悉她每一個想法。譬如聊天時，她才正想說某一句話，明威就接口幫她說出來；吃飯時，她才正想點某一道菜，明威也點了同一道菜；兩個人甚至連衣櫃裡的衣服顏色，都黑白分明。

那種感覺，有點奇異，兩個來自不同家庭的人，想法喜好居然會一模一樣。

懷著興奮的心情開始交往，宛男意外地發覺，雖然自己和明威的脾氣都很拗，但拗的方向不同：一個是個性剛硬，如果自己沒有錯，絕不妥協；一個是性格高傲，即使自己犯錯，也絕不認錯。

就這麼一個小小的差異，便足以讓交往的過程，掀起狂風巨浪。

每天下班前，明威都會殷勤地打電話問宛男：「要不要順路去接妳？」或是用體貼的語氣問：「肚子餓了嗎？晚上想吃什麼？」

碰到一個例外的狀況，宛男爲了趕個案子，必須留在公司加班，正忙得腰酸背痛、兩眼發暈，接到老闆電話通知：「臨時有個突發狀況，要立刻趕到客戶公司去開會。」

在計程車上，宛男只顧著跟同事阿勇討論待會要如何應變，卻忘了打電話告知明威這個突發狀況。急急忙忙下了計程車，正準備走進客戶的辦公大樓，就在門口看到一個熟悉的身影，用一雙驚訝的眼神瞪著自己，然後兩個人幾乎異口同聲地問對方：「你怎麼會在這裡？」

等宛男定下神來，心臟像剛跑完百米賽跑般，噗通噗通跳個不停，因爲明威的身邊，還站了一個面貌清秀的女孩。

由於時間緊迫，宛男還來不及問明威：「那個女孩是誰？」就被同事阿勇拖上樓去開會。

個性一樣剛烈的明威，也很想跟宛男興師問罪：「和妳在一起的那個男人是誰？」回到家後，宛男越想越激動，決定打電話「問個清楚」。同一時間，明威亦輾轉反輾，心想與其睡不著，不如打電話給宛男，請她解釋一下：「到底怎麼回事？」兩個人同時拿起話筒，撥了號碼，一聽到「嘟嘟」聲，隨即各自開罵：「這個渾蛋，這麼晚了，竟然還有心情跟別人講電話。」

有始以來第一次，向來倒床就睡的宛男失眠了；而原本即輾轉反輾的明威，更難以成眠了。

受了一夜的煎熬，宛男暗自在心裡發誓：「看你什麼時候打電話跟我道歉？不然別想我會原諒你。」

累積一夜怒氣的明威，情緒當然也不會太好，根本無暇顧及君子風度，亦在心裡重重撂下狠話：「如果妳不先打電話來講清楚，那我也不會主動打電話給妳。」

從早上到中午，宛男深怕漏接任何一通電話，不斷反覆地檢查手機，看看是否有明威的留言、訊息？一直忍耐到下午，終於忍無可忍，決定打電話質問明威。

一聽到話筒彼端傳來一聲熟悉的「喂——」，宛男當下情緒崩潰：「你為什麼不打電話給我？還有那個女生是誰？對了，昨天晚上你跟誰講電話講得那麼晚，害我打不進去？……」

宛男一連問了三個問題，完全沒有給明威插嘴的餘地。劈哩啪啦聽完宛男的怒吼，明威也不甘示弱：「我才想問妳，昨天晚上跟妳坐計程車的那個男人是誰？」

經過一番激烈的辯解，真相總算水落石出。原來是「誤會一場」，兩個人馬上笑得前仰後倒，異口同聲說：「怎麼可能有如此巧合的事情？」

誤會冰釋之後，兩個人除了握手言合，也順便約法三章：「下次萬一又碰到同樣的狀況，一定要打電話打到通為止，不能自以為是推論答案。」

澄清誤會的方法

化解「誤會」第一步，就是承認自己「沒有超能力」，無法正確讀出對方的心意和想法。

當你聽不懂對方說的話時，不妨多問一句：「你的意思是……」，當下澄清對方的意思，即可避免「不必要的誤會」。

化解「誤會」第二步，先讓對方暢所欲言，盡情吐露心聲，再同理、說明。

相反的，假如是對方對自己有誤會，先不要急著解釋：「事情不是你想的那樣……」；或是責怪對方：「搞不清楚狀況就亂發飆。」不妨讓對方暢所欲言，盡情吐露心聲、宣洩不滿之後，然後試著同理對方的感受，這樣才有可能讓對方聽進你的解釋。

化解「誤會」第三步，耐心聽完對方的話，這樣有助於軟化對方的「態度」與「想法」。

在聆聽對方的意見時，就算你覺得「對方說的與事實不符」，還是要耐著性子，聽完對方的話，這樣有助於軟化對方的「態度」與「想法」，等到你跟他解釋時，對方才會比較聽得進去。

化解「誤會」重要原則

萬一對方根本不聽你的解釋，態度強硬地堅持：「我們沒有什麼好說的。」就表示對方的「防衛心理」很強，暫時不想面對真實狀況。

這個時候，最好不要執意跟對方「就事論事」，**化解誤會的重點，先放在「改善氣氛」上**，再慢慢想辦法用誠意打動對方。

化解誤會最麻煩的情況是，很多人不會直接說出來，而是用一些「間接行爲」來表達不愉快的情緒，或是愛理不理的，或是把門關的乒乓響；讓對方的精神備受威脅。

當你感覺「彼此間好像有誤會，又不知道是哪裡出了問題？」避免先情緒反彈，認爲對方應該有話就說出來，幹嘛無理取鬧？

比較有效的處理方法是，努力找出誤會所在，引導對方說出心中的不滿。

由於家人、情侶之間的「不滿」，常常是「生活小事」，可能是對方交代的事情忘了做，也許是講話的聲音太大吵到對方，或是沒吃完對方準備的便當；是以有些人會不肯坦白說出眞相，深怕對方覺得自己「爲了無聊小事生氣，太小心眼」，只好借題發揮，讓誤會越演越烈。

也因此，當對方好不容易鼓起勇氣說出心中不滿時，避免嘲笑對方「小題大作」，或是批評對方「不可理喻」，而要認眞傾聽對方的意見，讓對方感受到你的誠意，才不會擴大誤會。

爭取認同的說話方式

□你們說，這樣做對不對？

□支持誰，好不好？

□你媽重要？還是我重要？

□你媽說得對？還是我說得對？

□你認為我和大雄誰比較努力？

□您覺得我做得怎麼樣？

□您覺得我是不是進步很多呢？

□你覺得這件比較好看？還是那件比較好看？

上面這些話語聽過或說過嗎？如果有的話，就代表對方可能正在「爭取認同」，最好用心聆聽對方的心理需求，再回覆適合的答案。

每逢選舉，都可以聽到候選人努力詢問大眾：「支持誰，好不好？」或是「你們說，這樣做，對不對？」，這兩句話都是在「爭取認同」，希望民眾跟自己站在同一陣線，大聲回應：「對。」在日常生活中，當我們想爭取別人的認同時，也會運用相同的說話方式來說服對方，最常見的就是婆媳與同事關係，雙方都想爭取認同，證明自己是對的。

兩邊都要「爭取認同」

諮商的經驗中發現，婆媳關係很常出現「爭取認同」的說話方式，做伴侶諮商時常常會聽到下面這兩句爭取認同的話：

※「你媽重要？還是我重要？」

※「你媽說得對？還是我說得對？」

這個時候，如果另一半不了解問話背後的意義，就會不自覺變成裁判，無論說哪一方是「對的」，得到的回應都是「不對的」。

而婆媳關係之所以常常陷入「爭取認同」的情境中，一方面是因爲婆婆在家庭中主要的女性地位，受到外來媳婦的威脅，影響力開始降低，於是婆婆很容易拿日常生活中的家事來跟媳婦做比較，從打掃洗碗到照顧孩子，婆婆與媳婦的做法很多都不相容，兩方都認爲「自己是對的」，接下來就是互相爭取家人的認同。

還有一個導致婆媳「爭取認同」的原因是，雙方對所愛的競爭，婆婆愛兒子、太太愛先生，雖然都是屬於「親密關係」，但「愛的本質」是不同的，不過，倘若其中一方有「愛的被剝奪感」，就可能會發起「爭取認同」的戰爭，要先生在「孝順媽媽」與「體貼太太」中選邊站，常常先生一句話沒有回應好，就會擴大婆媳「爭取認同」的範圍。

面對婆媳「爭取認同」的狀況，先生的角色確實很爲難，夾在中間很容易兩邊得罪、兩邊都不討好。有些先生會在媽媽面前替太太解釋原因，在太太面前替媽媽說明，這種作法反而會讓雙方更用力「爭取認同」。

反過來，有些先生會以爲，在媽媽面前責備太太的不是，在太太面前數落媽媽的不是，可以安撫雙方的情緒，事實剛好相反，這樣做反而會激發雙方的情緒，讓媽媽跟太太對彼此的感受更差。因此，諮商的時候，我多半會先引導先生了解媽媽與太太各自的心理感受和想法，同時不偏袒任何一方，接著跟先生討論如何在生活中做到「行爲上媽媽優先、心理上太太爲主」的雙贏溝通，找出她們各自最在意的點，再透過語言和行動讓媽媽與太太都感覺自己是重要的、被愛的，自然能夠慢慢減少婆媳互相「爭取認同」的狀況。

把「爭取認同的語言」轉成「誇獎的語言」。

另一個「兩邊都要爭取認同」的地方是發生在辦公室，譬如說，同仁常會假裝不在乎地問主管：「你認爲我和大雄誰比較努力？」倘若不想讓雙方互相看不順眼，最好回答：「我們公司多虧有你這麼努力的員工，眞是公司之福。」把「爭取認同的語言」轉成「誇獎的語言」，就能避免「比較誰好」的狀況。

因爲碰到渴望被認同的人，當他知道有人比自己得到更多的認同，受到更多的關愛，那他很可能會開始看對方不順眼，想要把「認同」搶回來。

努力爭取主管的認同

擔任主管工作多年，我帶過各種不同性格的人，其中有個同仁的反應令我印象深刻。每當這位同仁完成一件工作，都會小心翼翼地捧著他的心血結晶來給我過目，然後謙虛地詢問我的意見：「您覺得我做得怎麼樣？」

起初，還不清楚他的動機，就回答：「表現還不錯。」或許是我的答案沒有滿足他的心理需求，於是他又進一步問我：「您覺得我是不是進步很多呢？」

「對，你滿有進步的。」聽了我的回應，同仁似乎還不安心，便謙虛的表示：「如果我做得不好，您一定要告訴我。」

聽到這麼認眞的話，或許當時我可以回答：「像你這樣又聰明、又認眞、又上進的人，當然會表現很好，我對你很有信心。」試著給他全方位的「認同」，看看他的「表現焦慮」會不會降低一點。但從心理健康的角度，如果太渴求別人的認同，其實很容易陷入沮喪挫折的情緒中，還記得有次我告訴他「需要改進的地方」後，他的情緒整整低落了一個月，都沒有辦法好好工作。

諮商的時候，發現很多當事人都跟這位同仁一樣，非常需要別人的認同，很在意別人的評價，渴望被人誇獎，感覺不被認同時就會變得焦慮不安，會不斷用語言去「爭取對方認同」。

根據我觀察當事人的成長歷程，要從「爭取別人的認同」走到「自我認同」，需要不斷看到「自己做得好的地方」，並且持續鼓勵自己，慢慢的就能走出「爭取認同」的漩渦。

增加「認同感」的心理技巧

除了政治人物以外，從事銷售工作也很需要爭取顧客的「認同感」，這裡提供幾個可以正向增加「認同感」的心理技巧。

■ 使用對方的語言

使用對方的語言，不但表示你認真聆聽，同時也能夠增加「熟悉感」與「認同感」。

讚美對方的專業

一般而言，我們都渴望被人認同，特別是自己努力學習的專業，所以要讓顧客產生認同感，可以先讚美顧客的專業素養，對方自然也會回饋對你產品的認同感。

※您真的很專業……

※您這方面的知識很豐富……

當顧客對你跟產品有了認同感，銷售自然容易成交。

從顧客的困惑開始發問，再透過對話協助對方解決困難

在跟顧客銷售產品的過程中，最有效的成交心法是，先找出顧客的困惑，然後開始對話，對話盡量簡單，同時要讓顧客點頭認同，再透過對話協助對方解決困難，就能讓顧客產生「認同感」，下面示範兩個簡單例子：

案例一：

從顧客的困惑開始對話：「出來玩會想嘗嘗在地美食。」

顧客回答：「對啊！」

接著說：「價格最好合理。」

顧客回答：「對啊！」

接著說：「用餐環境也要乾淨。」

顧客回答：「對啊！」

然後就可以介紹商品：「推薦您我們的◯◯餐廳，很符合您的需求。」

透過對話雙方同心協力解決困難。

案例二：

從顧客的困惑開始對話：「冬天皮膚會變得比較乾燥。」

顧客回答：「對啊！」

接著說：「化妝的時候會比較不好上妝。」

顧客回答：「對啊！」

接著說：「也不想花太多預算買化妝品。」

顧客回答：「對啊！」

接著說：「如果價錢在兩三百元左右的話，就比較不會心痛。」

顧客回答：「對啊！」

然後就可以介紹商品：「像這組化妝品，保濕效果很好，平均每一件單品兩百元，要不要試用看看。」對話中雙方同心協力解決顧客困難。

注意顧客會爭取誰的認同

顧客在逛街購物時常常會猶豫不決，不知道要買哪一樣才好？也因此，不少人購物時喜歡有個商量的對象，像是找姊妹、朋友一起逛街，或是一邊逛街一邊詢問另一半的意見：「你覺得這件比較好看？還是那件比較好看？」這些做法都在爭取認同，獲得肯定。

所以，銷售時要特別注意顧客會爭取誰的認同，這個人往往會在顧客決定「買與不買」時扮演關鍵角色。

總是擔心自己不被人喜歡

□你不喜歡我了，對不對？

□你開始嫌我煩了，是不是？

□你本來就很討厭我，對吧？

□你比較喜歡某某人，對不對？

□大家都對我不好。

□你們需要什麼我都供應，卻沒人問我需要什麼。

□全天下的男人都是騙子。

上面這些話聽過或說過嗎？如果有的話，就表示對方常會在內心扮演「受害者」的角色，先用言語「激怒別人」，再證明自己的感覺沒錯。

在企業界教授「員工心理輔導」的課程後發現，幾乎每個辦公室都會遇到幾個喜歡扮演「受害者」角色的同事，讓大家苦惱不已。

回想自己的工作生涯，也曾碰到過「受害者」的工作夥伴。印象最深刻的一次是出國採訪，原本開心的氣氛，不知何時變了調。一路上不斷聽到其中一個工作夥伴的悲慘際遇。故事從「男友對我不好」說起，夥伴激動萬分地敘述男友對不起她的種種事蹟：「你們不知道我對他多好，只要他開口的事情，我都會想盡辦法達成，結果卻得到這樣的回報，你們說嘔不嘔人？」

故事後來的發展，有了個急轉彎，我們幾個同行者從故事的「聽眾」，搖身變成了「主角」。夥伴不再痛罵男友沒有良心，轉而埋怨我們沒有良心：「我沿路都幫你們提行李，可是你們卻眼睜睜看著我的行李掉在地上，也不肯幫我撿起來。」

「你們需要什麼我都供應，卻沒人問我需要什麼？」聽到這樣的指控，總算明白，夥伴之所以會覺得「大家都對我不好」，是因爲她放大別人的行爲，一旦別人沒有按照她的期待做出反應，就認爲別人對她不好。

事實上，沿路幾乎每個夥伴都盡量配合她的要求，她想吃什麼就去吃什麼，她想看什麼就去看什麼。更冤枉的是，根本沒有人看到她的行李掉在地上，當然就不會有人主動幫她撿起來。

而她不停投訴的行爲，也讓大家不知不覺跟她「拉遠距離」，這個時候，她又再度得到一個證明「大家都對我不好」。

先用言語「激怒別人」，再證明自己的感覺沒錯

通常會覺得「別人對我不好」的人，往往會先用言語「激怒別人」，再證明自己的感覺沒錯。

「受害者」最常用質疑的口吻問對方：

※你不喜歡我了，對不對？

※你開始嫌我煩了，是不是？

※你本來就很討厭我，對吧？

※你比較喜歡某某人，對不對？

倘若對方被激怒，生氣地回應：「對，我眞的很討厭你。」他就會傷心地得到「證據」：「看吧，大家都不喜歡我。」

其實，大家討厭的是「這個行爲」，而不是「這個人」，但對他們來說，都是同樣的意思「大家都不喜歡我」。

也因此，在人際互動的過程中，有「受害者」心態的人，只想要被關愛、被呵護，只願意接受「溫暖」的人際關係，而不想要「講理」的人際關係，同時也不能忍受其他的相

處方式。

■把別人的「單一行為」放大為「所有行為」

有「受害者」心態的人，不只會把別人的「單一行爲」放大爲「所有行爲」，有些時候，他們也會把別人的「單一評價」，擴大爲「全面評價」。譬如說，當別人建議他「哪個地方可以再加強」時，他便會擴大解讀爲「大家都看不起我。」

常常把別人「單一評價」擴大爲「全面評價」的人，很容易對別人的言語或態度上都充滿敵意，等到別人被他的不友善言行嚇跑之後，他又會哀怨地覺得：「大家都對我不好。」或是「大家都不喜歡我。」

■打破「受害者」的心態

抱著「受害者」心態的人一旦有了「假設」，就會努力找到「證據」，讓自己相信，這是一個「事實」。要打破「受害者」的心態，就要反過來找到這個想法「不合邏輯」與「不切實際」的地方。

※如果別人都對你不好，何以自己仍然繼續對他們好呢？是否有不合邏輯的地方？

※全天下的男人都是騙子，那所有你遇到的男人都是騙子嗎？是否有不合邏輯的地方？

因此，若自己對別人好，也期待別人用同樣的態度回報時，不妨改變做法，希望別人主動對自己好，就直接告訴對方，萬一對方拒絕，或達不到自己的標準，則要學著接受現實。我們有權對別人好，別人也有權接受或拒絕自己的好意。對別人可以懷有期待，但事情也可能不按照自己的期待進行，這就是「現實」。一廂情願要求所有的人都照著自己的期望反應，就是「不合現實的想法」，會降低自己的挫折容忍力。

永遠、一定、絕對的說話方式

□現在景氣這麼壞，以後一定沒有好日子過。

□永遠不會再有好日子了。

□完了，我這輩子再也找不到工作了。

□失業之後，就再也不可能有工作了。

□我的人生從此沒有希望了。

□完蛋了，孩子年紀小小就養成壞習慣，以後就會學壞，再也沒有救了。

□離開男友後，永遠遇不到真心愛我的人。

□太太和朋友出去約會，就絕對不會再關心我了。

上面這些用語「以後一定」、「再也沒有」、「永遠無法」、「絕對不會」等話，曾經聽過或是說過嗎？如果有的話，就代表有「過度類化」的想法。

「過度類化」的想法

心理學稱這種會把「單一事件」放大爲「全部情況」的想法爲「過度類化」。

藉由幾個少數的例子，做廣泛、全面性的推論，讓人產生「以偏蓋全」的邏輯謬誤，導致生活中充滿「總是、一直、就是、都這樣」的感覺，進而限制了行動的可能性。

舉例來說，有些人一次應徵面試沒有通過，就擴大爲「完了，我這輩子再也找不到工作了」，或者一次考試成績不理想，便擴大爲「我的人生從此沒有希望了」。

一般而言，「思考過度類化」的人多半有「全部這樣」、「永遠無法」的思考模式，會把「相對」看成「絕對」，輕易便接受「未經求證」的假設。

※現在景氣這麼壞，以後一定沒有好日子過。

※失業之後，就再也找不到工作了。

※離開男友後，永遠遇不到眞心愛我的人。

※太太和朋友出去約會，就絕對不會再關心我了。

當出現「永遠沒有好日子過」的想法時，就提醒自己，這只是「單一事件」，而不是「永遠如此」、「再也不能」，避免陷入絕望的情境中。

還有一種「過度類化」的狀況是，把「單一事件」擴大爲「全面規則」。「單一事件」被擴大爲「全面規則」後，心中自然充滿挫折悲傷的感覺，認爲人生沒有任何希望。

從事心理諮商的過程中，我發現，不少父母都會把孩子的「單一事件」或「單一行爲」，擴大爲「全部行爲」。

譬如說，孩子有天心情不好沒去上學，父母就會焦慮到失眠：「完蛋了，孩子年紀小小就養成逃學的習慣，以後就會學壞，再也沒有救了。」越想越擔心，不知道該怎麼教養孩子才好。

打破「過度類化」的想法

要打破「過度類化的思考方式」，就要反過來找到這個想法「不合邏輯」與「不切實際」的地方。

※如果離開情人後，永遠遇不到眞心愛我的人。

打破想法：那是如何找到現任情人的？是否有不合邏輯的地方？

※失業之後，就再也找不到工作了。

打破想法：出社會之後，只做過一份工作嗎？若曾經換過工作，當時是怎麼找到工作的？是否有不合邏輯的地方？

只要打破想法，就不難發現「過度類化的想法」既不合邏輯，也不符現實。隨時問問自己：這個想法合不合邏輯？合不合現實？慢慢打破「過度類化」的想法，用「相對」取代「絕對」，學習接受各種不同狀況的現實人生。

測驗

從「回應方式」聽出內在的「心理地位」

※測驗開始：

當有人說：麻煩幫我一個忙，好嗎？會如何回應呢？

□好啊！你要我幫你做什麼？

□走開，你擋到我了。

□我應該幫對方做的更好。

□那你為什麼不幫我。

※結果分析：

上面這四種回應方式，自己或對方最常選擇哪一種回應方式？從回應方式可以聽出內在的「心理地位」。

人際溝通分析學派TA以「心理地位」的概念，來說明人際關係中的互動現象，「心理地位」共有四種：

1.「我好、你也好」。
2.「我好、你不好」。
3.「我不好、你好」。
4.「我不好、你不好」。

選擇「好啊！你要我幫你做什麼？」屬於「我好、你也好」的「心理地位」

「我好、你也好」心理地位：又稱為贏家的心理地位，也是最具建設性的心理地位。既喜歡自己，也願意分享自己；欣賞別人，也願意接近別人，人際關係是開朗而親密的。

選擇「走開，你擋到我了。」屬於「我好、你不好」的「心理地位」

「我好、你不好」心理地位：屬於傲慢與投射的心理地位，自認高人一等，內心常會看不起別人，喜歡操縱別人，總是覺得自己很重要，人際互動的時候多半以自我為中心，行為上則偏向擺脫別人。

「我好、你不好」的人內心常會有「扭曲感受」，很容易生氣或狂喜。內在想法往往是：「我要做給大家看，我辦得到。」與人互動的時候，常會刻意凸顯自己的重要性，證明自己是最優秀的。

選擇「我應該幫對方做的更好。」屬於「我不好、你好」的「心理地位」

「我不好、你好」心理地位：在面對別人時常會感到無力、退縮，總覺得別人比較重要，聽從別人的意見，缺乏自己的主見，常常會委屈自己、壓抑自己，努力討好別人，人際關係較為隨和、妥協，以別人為中心。

「我不好、你好」的人內心常會有「扭曲感受」是沮喪、內疚、憂慮、力有未逮、迷惑。內在想法總是在鞭策自己：「我應該做的更好。」努力矯正自己內在「我不好」的感覺。

選擇「那你為什麼不幫我。」屬於「我不好、你不好」的「心理地位」

「我不好、你不好」心理地位：對自己與他人的價值、潛能失去信心，有時可能會對生命失去興趣。與人互動的時候，常會不自覺否定自己，也否定別人，對自己的表現持否定的態度，但同時也不欣賞別人，老是覺得別人跟自己一樣糟，人際關係是疏離的、不容易親近的。

「我不好、你不好」的人內心常會有的「扭曲感受」是孤單、沒有人愛、被人拒絕、無路可逃。內在想法：「我就是這樣，永遠做不好一件事情。」既討厭自己，也對周遭人懷有敵意。

PART 2

操控人心的說話類型

Observe people by speaking

哪些話暗藏「煤氣燈操縱法」？

- □你想太多了。
- □你太敏感了。
- □你太不理性了。
- □別人都不會像你一樣歇斯底里。
- □事情都過了這麼久，為什麼你還有情緒？為什麼你就不能夠放下？
- □就是因為你太過強勢，我才會需要另一個人的安慰。
- □家裡一點溫暖也沒有，我才會往外尋求溫暖。
- □你這樣說，是在怪我嗎？
- □你怎麼會有這種想法。
- □大家都沒有問題，只有你有這個問題。
- □大家都認為問題出在你身上。
- □你很沒有用。

□這麼小的事情你也做不好。

□你什麼都不會，除了我會要你，還有誰會要你。

□只有我在付出，你都沒有付出。

□你收入那麼少，憑什麼花錢。

□都是你害的。

□都是你在鬧。

□都是你造成的，你還不承認。

□對方沒有這個意思。

□自從跟你在一起，我過得很不快樂。

□我沒有說，是你聽錯了。

□你記錯了，沒有這回事。

上面這些話語聽過或說過嗎？如果有的話，就代表有人正在使用「煤氣燈操縱法」，這些語言對心理健康的破壞力剛開始不易察覺，但長期下來，對心理造成的傷害是無法想像、無法預估的。

「煤氣燈操縱法」這個心理名詞，來自於戲劇「煤氣燈下」，在劇中，先生將家中的煤氣燈亮度調暗，讓家中的燈光閃爍不定，而當太太詢問先生：「燈光是否變暗？」先生會告訴太太：「燈光並沒有變暗，都是太太的幻想。」

需要了解的是，何以要使用「煤氣燈操縱法」，背後的心理動機是什麼？事實上，大部分操縱者都是「潛意識運作」，在意識上他們並不自覺使用「煤氣燈操縱法」，因此，如果告知他們：你用「煤氣燈操縱法」迷惑、控制別人，會對別人造成心理與情緒的虐待；他們大概都會回答：「我沒有使用。」

在諮商的過程中「煤氣燈操縱法」是很常見的，如果以事件而言，特別容易出現在外遇、家暴及離婚事件中；如果從關係的角度來看，在親子、親密關係或主管、員工關係中都可能暗藏「煤氣燈操縱法」，只是操縱的手法不同。

根據多年的諮商經驗，我將常見的「煤氣燈操縱法」歸納出下面幾種：第一種是「暗示對方不該有這種感覺、不該有情緒」，第二種是「讓對方認為問題出在自己身上，進而自我責備」，第三種是「長期否定對方，讓對方慢慢失去自信心」，第四種是「扭曲對方的知覺，讓對方產生錯覺、自我懷疑」。

暗示對方不該有這種感覺、不該有情緒

最常見的「煤氣燈操縱法」，就是「暗示對方不該有這種感覺」，譬如說，當對方在

敘述自己不舒服的感覺時，操縱者就會評論對方「你太敏感了」、「你想太多了」，或許有些人會以爲這樣說「可以安慰對方」，事實上反而會終止對方表達自己的感受。

另一種暗示法，會讓對方更難以開口說出感受：「你這樣說，是在怪我嗎？」「你在情緒勒索我嗎？」彷彿只要講出自己的感受，就意味在責怪他們、在勒索他們，久而久之，自然會害怕表達感受。

非常多當事人都曾經問過我：「講出自己的情緒就是情緒勒索嗎？我是不是最好避免跟別人分享感受？」這個時候我都會特別跟當事人說明：情緒勒索指的是，爲了達到某種目的，把情緒當成工具操控對方，像發怒可以脅迫別人，哭泣使人更加同情，經年累月就會變成人格的一部分，變得越來越霸道、戲劇化。如果沒有分辨「說出感受」與「情緒勒索」的差別，就可能會陷入「煤氣燈操縱法」中，不敢說出自己的情緒與感受。

此外，當伴侶發現另一半外遇出軌，經歷被背叛的痛苦，身心飽受煎熬，多半會湧現大量複雜的情緒，很容易因爲強迫性思考而暴躁易怒，這個時候外遇者往往會暗示受傷者：「別人都不會像你一樣歇斯底里。」或是認爲：「你的情緒太多，我沒有辦法跟你對話。」

諮商的過程中，常常會碰到觀念上認爲「有大量情緒就代表心理有問題」的狀況，像外遇事件發生過後，很多外遇者都會跟受傷者說：「事情都過了這麼久，爲什麼你還有情緒？爲什麼你就不能夠放下？」

不少當事人都會困惑的問我：「只有我有這麼多情緒、只有我是不理性的嗎？」我都會告知受傷者：心靈受到這麼大的衝擊，會產生大量的情緒是很正常的，而且外表看似理性的人也不代表內心不會痛苦難熬。不只讓受傷者接納自己的情緒，同時也讓外遇者了解：被背叛後會長期產生大量的情緒是很正常的，外遇者需要當對方的情緒容器，而不是「暗示對方不該有這麼多情緒」。

還有一些外遇者會合理化自己的行爲，將感情出軌的原因推給受傷的那方：「就是因爲你太過強勢，我才會需要另一個人的安慰。」或是表示：「家裡一點溫暖也沒有，我才會往外尋求溫暖。」或是要對方爲自己的情緒負責：「自從跟你在一起，我過得很不快樂。」似乎在暗示受傷者，問題出在你自己身上，是你造成的，導致受傷者非但要承受身心煎熬，還要自我責備：都是自己做不好，沒有扮演好配偶的角色，現在才會吃到感情的苦果。

讓對方認為問題出在自己身上，進而自我責備

很多家暴事件中，如果當事人通報家暴專線，對外尋求協助，當事人反而會被施暴者責怪：「都是你害的，你要把我們的家毀掉嗎？」甚至全家人都會對通報者不諒解，大家你一言、我一語的施壓通報的受害者：「你這樣做，是想讓孩子沒有爸爸嗎？」「你這樣把事情鬧大，對你有什麼好處。」

有的施暴者還會反過來說服家暴受害者：「既然錯誤已經造成，你要面對自己的錯誤，把傷害降到最低。」倘若沒有接受施暴者的指令，照著施暴者所說的去執行，就會認爲受傷的通報者是「問題製造者」、「麻煩製造者」。

有些當事人受到「煤氣燈操縱法」的影響，會開始感到困惑：我是不是眞的做錯了，不應該去通報。這個時候，我也會肯定當事人的決定，堅定的告知當事人：你做出正確的決定，你很勇敢的保護了自己跟孩子的安全。

長期否定對方，讓對方慢慢失去自信心

「煤氣燈操縱法」的否定式語言，也有不同的心理目的，有的是否定對方的自尊，有的是否定對方的價值，有的是否定對方的努力。

否定對方自尊的「煤氣燈操縱法」：

※你很沒有用。

※這麼小的事情你也做不好。

※你什麼都不會，除了我會要你，還有誰會要你。

長期接收這些否定式語言，對心理造成的損害眞的很強大，會讓一個人不相信自己擁有任何能力，只能聽從操縱者的安排。

否定對方價值的「煤氣燈操縱法」：

※你賺那麼一點錢有什麼用。

※你收入那麼少，憑什麼花錢。

這些否定對方價値的語言，往往會限制對方發展自我，認爲自己的工作與事業都是沒有價値的。

否定對方努力的「煤氣燈操縱法」：

※只有我在付出，你都沒有付出。

※你去做心理諮商有什麼用，還不是情緒不穩定。

長期處於被否定的環境中，不斷接收這些貶抑的語言，會讓人們的自信心逐漸瓦解，很難相信自己。

扭曲對方的知覺，讓對方產生錯覺、自我懷疑

「煤氣燈操縱法」中，「扭曲對方的知覺」是最難察覺的，曾經碰過的操縱法有下面幾種：

■抹掉自己曾經說過的話

舉個常見的例子來說，當媽媽跟孩子單獨相處時，總是有意無意跟孩子說：「你想做什麼事情，爸爸都不准。」聽完後孩子就生氣的表示：「我最討厭爸爸了。」媽媽立刻強化孩子的感受：「媽媽知道你很討厭爸爸。」結果孩子跟爸爸相處時，憤怒的跟爸爸說：「我最討厭爸爸了。」同時對爸爸做出又踢又打的抗拒行爲。

當爸爸難過詢問孩子：「何以要討厭爸爸？」孩子直接回答：「媽媽叫我要討厭爸爸。」爸爸懷著困惑去詢問媽媽：「你有跟孩子說要討厭爸爸嗎？」媽媽馬上否認說：「我沒有，是你聽錯了。」之後爸爸又去詢問孩子：「媽媽有跟你說要討厭爸爸嗎？」孩子也回答：「沒有。」

於是，爸爸的知覺陷入錯亂中，難道是我眞的聽錯？當爸爸想透過周遭人來確認自己接收的訊息是對的，周遭人也會勸爸爸：「你想太多了，媽媽怎麼可能會叫孩子討厭爸

爸。」讓爸爸更加混亂。

上面這個「煤氣燈操縱法」，長期下來，不但會讓爸爸質疑自己的知覺，同時也會讓周遭人覺得爸爸很愛鑽牛角尖、愛胡思亂想，慢慢開始對爸爸產生不信任感。

捏造不實的故事情節，而且講得歷歷在目

舉個例子來說，先生有天非常生氣的大聲斥責太太：「那天早上你一起床，就要衝出門買東西，孩子勸你不要出門、不要浪費錢，你就失控捉狂，把孩子亂打一頓。」太太聽先生講得歷歷在目，原本很堅定自己沒有做過這件事情，也從來沒有打過孩子，便試著跟先生說明解釋：自己沒有做過，同時也很困惑：何以先生會這樣說。

但是先生聽了太太的說明之後，情緒更加高漲，不斷怒吼：「你還不承認，你敢說沒有。」看到先生情緒如此激動，內容又有故事有情節，太太開始自我懷疑：是不是自己剛起床，因爲夢遊才會失去記憶。懷著忐忑不安的心情詢問孩子，才確認這件事情完全是先生捏造的虛構故事。

沒有這件事情，你記錯了

舉個例子來說，爸爸家暴孩子，把孩子的腿打到骨折，孩子當場被送到醫院急救。即

使有醫院的病歷，但是爸爸依然不承認，堅持沒有這件事情，是孩子記錯了。

無論再眞實再確定的事情，如果「煤氣燈操縱者」反覆強調：「沒有這件事情，你記錯了。」的確有可能會扭曲一個人的知覺，進而產生自我懷疑：會不會眞的像操縱者所敘述的那樣，眞的是自己記錯了。

如何關掉「煤氣燈操縱」？

要關掉「煤氣燈的操縱」，第一步是看懂自己是如何被操縱的：了解自己的信心流失的過程，明白自我懷疑的眞正原因後，才有可能不再被操縱，才有可能重建自信心。

看懂自己被操縱的路徑後，很多當事人會豁然開朗，鬆了一口氣跟我說：原來我是正常的，原來我是沒有問題的。

不少人剛剛發現自己被人操縱，會感到既生氣又羞愧，會氣自己居然那麼久的時間都分辨不出來。這個時候，我通常會跟當事人說明，「煤氣燈的操縱法」是很難察覺的，即使是受過心理諮商專業訓練，也不容易分辨，也有可能被操縱。

被「煤氣燈的操縱法」破壞過的心靈，需要同理自己的感受，疼惜自己的經歷，無須責備自己缺乏辨識能力，也無須懊惱自己沒有及早發現，從現在開始，好好照顧自己的感受，尊重自己的感受，允許自己說出感受，慢慢開始自己掌握人生。

哪些話暗藏「罪惡感陷阱」？

- □我為你犧牲那麼多，做什麼都會想到你。
- □你總是讓我擔心受怕、牽腸掛肚。
- □爸媽身體不好，不要刺激他們。
- □好久沒看到你，我媽一定會很失望你不能來。
- □我會和我媽說，你是大忙人，我請不動你。
- □你不在，我吃什麼都沒味道。
- □我生命中最寶貴的青春歲月都投資在你身上。
- □養兒育女有什麼用，連生病躺在床上，也沒人來看我一眼。
- □我還有幾年可以活也不知道。
- □你們都把老的拋棄不管。
- □我每天都吃白飯就好，不要管我。
- □我的命好苦，都遇到不好的人。

□我是個失敗沒用的媽媽。
□都怪我不好，沒把你教好。
□都是我的錯，我就是該死。

上面這些話語聽過或說過嗎？這些話語中都暗藏會引發別人「罪惡感」的陷阱，不妨自我覺察一下。

□都是我不好。
□沒有幫他，沒有關係嗎？
□都是我害的。
□這樣他會不會發生什麼事情？
□是不是我真的沒有做好？
□很抱歉、對不起。
□不要造成別人的困擾。
□不要去麻煩別人。

上面這些話語聽過或說過嗎？如果有的話，就代表你很容易產生罪惡感，更容易被「罪惡感陷阱」纏住。

擔任業務經理的玟瑛，說話語氣總是那麼的堅定溫柔，不容打一點折扣。

玟瑛最令同事津津樂道的本領便是，本尊坐在辦公室，就能用電話指揮千軍萬馬在外面衝鋒陷陣。她最常掛在嘴上的名言是：「一個優秀的領導者，應該懂得善用員工的每一分鐘。」

這句名言也適用於愛情。玟瑛非常善於利用男朋友正宇的時間，來減輕自己的負擔。每當她要離開辦公室的前半個小時，就會打電話給男朋友正宇：「親愛的，我知道你最體貼了，待會可不可以來接我，然後一起去吃晚餐，好不好？」在玟瑛的溫柔請託之下，正宇不管手邊事情再多，都會努力排開，準時來接玟瑛下班。

通常，在正宇接玟瑛回家的途中，玟瑛亦會習慣性地想想：有沒有什麼事情要請正宇幫忙的？「對了，正宇，我忘了去照相館拿洗好的半身照，可不可以麻煩你抽空幫我拿一下？」

正宇邊開車邊皺眉說：「好吧！給我地址，等下我幫你去拿。」

玟瑛立刻用感激又崇拜的口吻對正宇說：「我就知道，你最好了，只有交代你，我才能放心。」

此外，在安排活動和行程的時候，玟瑛除了爲自己安排，也會順便爲正宇安排。「這個星期六我要回家陪我媽，你要不要一起來，我媽說，她會做你最喜歡吃的菜。」玟瑛與奮地邀請正宇，語氣中充滿了期待。

「可是，我已經和同事約好去看資訊展了。」正宇因爲心虛的關係，聲音突然低了下來。

「好久沒看到你，我媽一定會很失望你不能來。」說這句話的時候，玟瑛的臉上籠罩著一朵烏雲。

正宇似乎感受到這股低氣壓，立刻安慰玟瑛：「玟玟，下次我一定陪你回去，這次就自己回家，好嗎？」

聽到正宇不能陪自己回家，玟瑛臉上的烏雲瞬間結成冰霜，聲音冷冷的說：「下次誰曉得什麼時候有空，而且我已經跟媽說你會去，我媽連菜都買好了。」

「你怎麼不事先問我一下？」看到玟瑛的反應，正宇開始焦急起來，不知該如何處理？

「你又沒跟我說星期六有事，算了，你跟同事去看資訊展好了，我會和我媽說，你是大忙人，我請不動你。」外人聽起來會以爲玟瑛已經妥協，但正宇很清楚玟瑛話裡的含意，尤其是最後那句話，簡直比命令他還要難受。

長輩的盛情如何能辜負？正宇只好打電話跟同事商量：「可不可以改天再去看展覽？」接著又用抱歉的口吻跟對方說：「若是不行，就請你自己去看，因爲我家裡有急事。」

工作繁忙的玟瑛，倘若臨時有空，都會第一個想到正宇：「今天晚上難得沒事，好久沒看電影了，你想看那一部電影？」玟瑛帶著撒嬌的口吻問道。

「我跟阿福他們約好聚餐，你既然沒事，就一起來吧。」正宇熱情地提出邀請。

「好不容易可以休息喘口氣，我不想出去交際應酬。算了，你別管我，好好跟阿福他們去玩吧，你們男人的聚會，一定不想有女性在場。」玟瑛溫柔而體貼地說。

「那我就自己去了，晚上妳要吃些什麼？要不要我幫妳帶回來？」

「不用了啦！反正你不在，我吃什麼都沒味道。」聽到玟瑛的話後，正宇那有心情跟朋友聚餐，只有陪玟瑛去看電影了。

使用「罪惡感陷阱」的人總覺得自己的事情是最重要的。

上面故事中的玟瑛很善於使用「罪惡感陷阱」，來達到自己想做的事情，表面上他們會用商量的口吻徵詢對方的意見，但實際上是沒有商量的餘地，當對方的作法與安排跟自己不同的時候，他們就會使用「罪惡感陷阱」讓對方難過，再讓對方自動改變心意，配合自己的安排與需求。

另外，會使用「罪惡感陷阱」的人總是覺得自己的事情是最重要的，其他人都必須全力配合，萬一對方無法優先處理，他就會認爲對方「不重視」自己。

所以，碰到善於使用「罪惡感陷阱」的人，若不適時反應內心的感受，那麼自主性便會像流沙般，一點一滴被掏空殆盡。

常見的「罪惡感陷阱」

有些話聽起來裡面似乎沒有責備的字眼，卻會令人覺得渾身不舒服，甚至自我懷疑：「對方也沒有罵自己，何以會覺得難受？」其實不是自己「感覺有問題」，而是這些話中暗藏了會引發「罪惡感」的陷阱。最常聽到句子包括：

※我爲你犧牲那麼多，設想那麼多，做什麼都第一個想到你。

「**罪惡感**」**陷阱**：你都沒有爲我著想。你都沒有想到我。你都不曉得要感恩圖報。

※你總是讓我擔心受怕、牽腸掛肚。

「**罪惡感**」**陷阱**：你都不會清楚交代行蹤。你總是讓人難以放心。

※爸媽身體不好，你不要刺激他們。

「**罪惡感**」**陷阱**：如果爸媽身體有什麼狀況，都是被你刺激的。

※我生命中最寶貴的青春歲月都投資在你身上。

「**罪惡感**」**陷阱：**倘若你不努力回報我，就是浪費我青春的兇手。

※我快被你逼瘋了。

「**罪惡感**」**陷阱：**不管我做出任何瘋狂舉動，都是被你逼出來的。

※養兒育女有什麼用，連生病躺在床上，也沒人來看我一眼。

「**罪惡感**」**陷阱：**爲人子女就應該看顧父母，不能去忙自己的事情。當父母身體不舒服，爲人子女就應該時時刻刻都陪在一旁照顧。

※我還有幾年可以活也不知道。

「**罪惡感**」**陷阱：**你要珍惜跟我相處的時間，跟我相處的時間已經不多了。再不把握跟我相處的時間，你以後就會遺憾終生。

※我每天都吃白飯就好，不要管我。

「**罪惡感」陷阱**：你們吃得好、過得好，我每天都吃白飯，變得營養不良，你們太沒良心了。

※你們都把老的拋棄不管。

「**罪惡感」陷阱**：當你們想做自己的事情，就是拋棄我、不管我，所以你們不能離開我。

※我眞的很後悔，結婚後放棄一切事業。

「**罪惡感」陷阱**：我爲結婚犧牲一切，現在什麼都沒有，所以你要補償我的損失。

※我的命好苦，都遇到不好的人。

「**罪惡感」陷阱**：你們都是不好的人，我才會這麼命苦。

※我是個失敗沒用的媽媽，沒有把你教好。

「**罪惡感」陷阱**：你的所作所爲，都代表我是失敗沒用的。

話裡暗藏「指責」

有些人的說話方式，聽起來好像在責備自己，卻會讓聽者覺得很不舒服，例如：「我是個失敗沒用的媽媽」、「都怪我不好，沒把你教好」、「你是在怪我嗎？」、「都是我的錯，我就是該死」，父母說得滿腹委屈，卻會讓孩子聽得怒火中燒，越聽越不是滋味。

會利用「罪惡感」來操控對方的人，不會直接說出自己的想法和需要，卻會藉著一句又一句的「罪惡感陷阱」，試圖讓對方「良心發現」，進而了解他們的心意，滿足他們的需要。

諮商的過程中發現，很多當事人都身陷「罪惡感陷阱」中痛苦爭扎，無論他們提供對方多少資源、付出多少金錢、多麼努力滿足對方，對方都依然覺得不夠多。

這些會設下「罪惡感陷阱」來獲取關心、金錢和資源的人，往往會忽略自己的能力，也會忽略對方的付出，更會忽略自己的語言帶給別人的壓力有多大。

容易產生罪惡感的人

想知道誰會讓自己產生罪惡感嗎？方法很簡單，回想一下：在什麼時候，跟誰在一起，爲了哪件事情，你會不斷想要伸出援手，幫助對方？萬一無能爲力，就會感到內疚自責。

如果內心常常出現自責的聲音：

「都是我不好。」

「沒有幫他，沒有關係嗎？」

「都是我害的。」

「這樣他會不會發生什麼事情？」

「是不是我真的沒有做好？」

「很抱歉、對不起。」

「不要造成別人的困擾。」

「不要去麻煩別人。」

如果有的話，就代表你很容易產生罪惡感，更容易被「罪惡感陷阱」纏住。

通常「罪惡感」很強的人「道德感」也很強，很容易自我責備，總覺得自己違背了道德規範，沒有符合做人的原則，自動會對別人的遭遇產生懊悔遺憾的感受，進而引發沮喪、焦慮、難過的複雜情緒。

另外，容易有罪惡感的人，多半會避免自己去麻煩別人，一旦接受了別人的幫忙協助，又會產生源源不絕的罪惡感。

長期被「罪惡感」包圍，對心理健康的危害是很大的，一方面會無意識地背負周遭人的大小責任，心理負擔自然沉重；另一方面內心又不斷自我責備，總覺得自己對不起別人，害怕會發生不好的後果。

想要降低「罪惡感」，第一步是區分「自我省思」與「自我責備」的不同。我們可以思考：自己有沒有哪裡需要調整，而不需要責備自己「都是我害的」、「都是我沒有做好」。

第二步是區分自己的責任與別人的責任。過度承擔別人的責任，不只會讓自己身心過勞，更會讓對方忽略自己擁有的能力，把心思都放在如何設下「罪惡感陷阱」，間接指使別人爲自己負責，長久下來，反而失去良好功能。

解除「罪惡感陷阱」，既能讓自己身心健康，又能讓對方發揮功能，形成正向的心理循環。

挑撥離間的說話方式

□你最可憐了，都沒有人照顧你。

□媽媽不要我們了，把我們當成垃圾丟掉。

□你看，你想要什麼爸爸都不肯買給你。

□媽媽去法院告爸爸，寧可把錢送給律師花，也不願意把錢給你們買喜歡的東西。

□以後爸爸娶了新媽咪就會虐待你。

□妳老公長得這麼帥，難道妳不怕……

□不是跟你，難道是跟……

□有一大堆追求者就像蒼蠅一樣黏著妳老公，妳最好注意一點。

□連我們周遭朋友都看不下去，你女朋友的行為真的很不好。

□現在的女孩很複雜喔！可不像我們的年代那麼單純，你做人這麼老實，真叫我擔心。

□你不知道，他到處說你壞話、說你以前做過哪些壞事，真的好壞心。

上面這些話語聽過或說過嗎？如果有的話，就代表有人正在「挑撥離間」，最好聽懂這些話語背後的意涵，才不會莫名失去重要的人際關係。

從古至今，「挑撥離間」這句成語的「使用率」一直都很高，無論在哪個年代、哪個地方都有人深受其害，若想徹底了解其含意，不妨查查成語字典，上面的解釋簡單而精確：「用不正當的言行，引起兩人的是非，使他們斷絕情誼。」

「挑撥離間」專指在人與人之間制造矛盾、破壞團結。從心理的角度來解釋，就是先破壞雙方的信任感，進而讓雙方關係自然產生衝突。

通常會挑撥離間的人最常使用的破壞關係手法是，先在一方A的面前示好，然後在另一方B的面前攻擊A的弱點，再利用兩方吵得不可開交的時候，趁亂坐收漁翁之利。

但更多時候，挑撥離間的人其實也沒有得到什麼好處，但他們依然忍不住挑動雙方產生對立的情緒，看到熟識的兩方互相敵視、關係惡劣，似乎挑撥離間的人就會感到比較安心。

挑撥離間親子感情

多年的諮商經驗，常會聽到在離婚的過程中，其中一方會挑撥孩子怨恨另一方的情緒，離間孩子與另一方的感情。最常聽到的挑撥離間說詞是下面這幾句話：

※媽媽不要我們了，把我們當成垃圾丟掉。

※你最可憐了，都沒有人照顧你。

※爸爸連接送你都不願意。

※以後爸爸娶了新媽咪就會虐待你。

但事實可能是，挑撥者先做出很多傷害另一方的事情，譬如在情感上外遇劈腿，或是挪用另一半的存款，或是長期用語言羞辱另一方，讓對方在無法忍受的狀況下堅持離開婚姻。

可是，挑撥者通常都會忽略自己的行爲對另一半造成的影響，反而在對方決定離開婚姻的時候，不斷用語言挑撥離間對方和孩子的關係，像是刻意強調：「媽媽不要我們了，把我們當成垃圾丟掉。」或是把孩子塑造成受害者：「你最可憐了，都沒有人照顧你。」甚至刻意挑起孩子仇恨的心理：「媽媽去法院告爸爸，寧可把錢送給律師花，也不願意把錢給你們買喜歡的東西。」

這些挑撥離間的語言，會對孩子的心靈造成嚴重而長久的創傷，如果持續挑撥，更會在孩子不同的成長階段，造成不同的傷口。我曾親眼目睹有些孩子在發現「挑撥離間」的眞相後，失去對親人的信任，即使已經長大成人依然會退化到學齡前的行爲，譬如說，無論走到哪裡都要抱著娃娃或玩偶，人生一直受苦於高度的分離焦慮。

■挑撥孩子討厭另一方

此外，也很常聽到感情不睦的爸爸或媽媽挑撥孩子討厭另一方，總是有意無意暗示孩子「另一方對你不好」的印象。

舉個常見的例子來說，一家人準備出去玩，孩子表示想要搭火車體驗不同的交通工具，當爸爸想要滿足孩子的好奇心，提議全家人坐火車去目的地時，媽媽卻在此時挑撥說：「你看，爸爸都不願意開車載你去玩。」更常見的挑撥狀況是，當孩子哭鬧想要買玩具時，爸爸因爲擔心孩子會養成予取予求的不良習慣，而跟孩子說明不買玩具的原因時，媽媽就在旁邊挑撥說：「你看，你想要什麼爸爸都不肯買給你。」讓孩子對爸爸產生厭惡的情緒。

■挑撥孩子恐懼不安的情緒

在離婚攻防的過程中，看過太多爸爸或媽媽刻意挑起孩子恐懼不安的情緒，舉個常見的狀況，原本是媽媽提離婚，覺得無法與爸爸共同生活下去，但卻不斷跟孩子說：「你爸爸吵著要離婚，以後我們家就不完整了。」而當孩子的情緒被激發到高度焦慮不安、哭鬧不休的時候，又跟爸爸抱怨：「你看，孩子情緒這麼強烈，我都安撫不了。」

倘若離婚過程雙方累積大量的情緒，也有可能擴大爲家庭間的挑撥，譬如說，當爸爸換新車、買新房時，另一邊的家人就會挑撥說：「你看，爸爸都只買自己的車子、房子，都不顧我們的死活。」讓孩子擔心將來可能會無人照顧，沒有人在乎關心自己。

運用童話故事來進行挑撥離間

另一種挑撥離間的手法是，在跟孩子講童話故事時暗暗把挑撥情節隱藏其中，很常聽到的故事版本就是灰姑娘被繼母虐待的故事，家人邊講故事邊跟孩子說：爸爸以後一定會娶新媽咪，新媽咪就會像灰姑娘的繼母一樣，會虐待你讓你做所有的家事，也不讓你穿漂亮的衣服。

這樣的挑撥說法，會讓孩子產生高度的焦慮不安，不只害怕爸爸結交新的對象，更害怕這個對象未來會迫害自己，無形中可能會讓孩子敵視爸爸的異性友人。

挑撥別人反目成仇

想讓兩個感情甚篤的朋友反目成仇，這對喜歡挑撥離間的人而言，一點都不難，只要在傳話的時候「斷章取義」，專挑重話講，就能夠引燃雙方的怒火。

在同事眼中，娜娜就像大姐一樣，很會照顧人，尤其對坐在她隔壁的文忠特別關照。不久前文忠交了一個新女友小玉，娜娜總是有意無意地提醒他：「現在的女孩很複雜，可不像我們的年代那麼單純，你做人這麼老實，眞叫我擔心。」

世界上的事眞是無巧不成書，娜娜無意中發現，大學時代的死黨竟然跟小玉是同事，從此以後，她便經常向死黨打聽小玉的生活點滴：「小玉是個什麼樣的女孩？」一聽到任何消息，她就會來跟文忠報告：「小玉很有男人緣，你可要看緊一點。」

有一天娜娜神祕兮兮地對文忠說：「你們兩個約會不要那麼激烈，還在小玉的脖子上留下親熱的證據。」文忠霎時臉色一沉，冷冷地說：「我們兩個什麼也沒做。」娜娜驚訝的喃喃自語：「不是跟你，難道是跟……」

在娜娜的挑撥下，文忠再也沒跟小玉聯絡了。後來娜娜才知道，小玉的皮膚非常敏感，很容易留下紅色的印子，讓人誤以爲是「吻痕」，可是娜娜實在沒有勇氣把眞相告訴文忠。

挑撥離間好友的幸福與愛情

有位男性朋友曾經跟我說過一段他親身經歷的挑撥離間故事。剛結婚沒多久，太太的閨中密友就不斷地提醒她：「妳老公長得這麼帥，難道妳不怕……」、「有一大堆追求者就像蒼蠅一樣黏著妳老公，妳最好注意一點。」在閨密的挑撥下，朋友跟太太的信任關係出現很大的裂痕，兩個人從小吵嘴一路擴展到大打出手，最後雙方都被折磨得精疲力竭而決定要離婚之際，有天這位太太的閨密，卻選在一天太太不在的時候來家裡拜訪。一進門，那位閨中密友就猛喊：「好熱、好熱。」，接著她問朋友：「可不可以借用你家的浴室洗一下澡？」也不等朋友回答，她就自己走到浴室去洗澡，最讓朋友驚嚇的是，閨密洗完澡出來居然全身只圍著一條浴巾，當下朋友決定立刻離開現場，顧不得家中安危，之後再通知太太回家處理。

挑撥怨恨的情緒

挑撥離間不只會破壞關係，還會導致無可挽回的悲劇。曾經看過一件表弟殺死表哥的家庭悲劇，起因是家中的外甥常常會跟表弟說，表哥到處說你壞話，他說你有前科，還到處爲非作歹。表弟經不起外甥的挑撥，在憤怒情緒的驅動下，拿著木棒把表哥打死。

挑撥離間的心理

通常挑撥離間的人不會毫無目的，他們可能有不可告人的心理因素，或有不欲人知的特殊目的。下面介紹三種不同類型的挑撥心理給大家認識：

■沒有安全感的挑撥心理

這類型的挑撥者非常沒有安全感，經常會害怕別人搶走自己的功勞，擔心別人會奪權篡位，懷疑別人想要取而代之。爲了避免別人進入自己的領空，分走他獨享的好處，他需要挑撥別人來製造混亂，常常發射離間的煙幕彈，讓眾人陷入混亂中，他才能保住既有的利益。

■佔有慾強的挑撥心理

這類型的挑撥者，佔有慾較強，他們無法忍受對方的人際關係比自己好，重要性比自己高，每當看見別人聊天聊得很開心時，心裡就會感到不舒服，想要介入破壞雙方關係，所以他們會用上面敘述的各種離間方法，來孤立對他們有威脅感的人，讓大家討厭、遠離對方。

■權利慾重的挑撥心理

權利慾重的挑撥者喜歡找出別人的弱點，等他摸清每個人的底牌以後，就會把別人當成棋子，一步一步地布局，以幫他達到目的。

好在眞相總有大白的一天，無論挑撥者多麼地細心，最後當每個人都吃過虧後，自然會遠離挑撥者，這時連帶財運、前途，也會很不可思議地離他而去。

換個說法：將「挑撥」轉成「覺察自我情緒」

想要改變說話方式，首先要「自我覺察」，觀察並且記錄自己在什麼狀態會有什麼感受？會講什麼話？

接著，找出話語背後的想法：「何以自己會講這些話？」例如，說這段話想要表達的重點是什麼？想要達到的目的是什麼？以及想要改變的現象是什麼？

同時做個評估：自己想要達到的目標都有達成嗎？如果沒有的話，可以自我覺察一下：何以「自己想要達到的」和「實際的結果」會有落差？如果可以重新表達，可以如何調整，更符合自己的期待。

最後學習使用「新的說話方式」，來替代舊的方式。並且反覆練習，形成正向的說話模式。這三個步驟稱爲「自我指導法」，適用於想要「增強能力」或「自我改變」的時候。

就拿「**改變挑撥離間的說話方式**」**為例，先是**「**自我觀察**」，發覺自己每當看見別人聊天聊得很開心時，心裡就會感到不舒服，想要介入破壞雙方關係。

下一步，找出自己背後的想法：「希望雙方都能把自己當成最重要的朋友，不要只顧著聊天，忽略我的存在。」然後比對「想法」和「結果」的落差：「我希望每個人都把我當成最好的朋友，偏偏他們都跟別人很好。」所以破壞別人的感情，並不能幫助自己建立人際關係。

第三步，使用「**新的說話方式**」，**來替代舊的說話方式**，不妨用「關心」來替代「嫉妒」：「看你們聊天聊得很開心，我也想要加入。」

這個練習要一直練習到「看見別人感情很好」，都不會覺得「不舒服」，才算大功告成。

酸言酸語、說話帶刺

□你也留點錢給別人賺。
□你不是名校畢業，怎麼連這個也不會。
□你還不知道嗎？
□誰叫你是公司的大紅人，當然要多擔待點。
□想不通你是怎麼畢業的。
□你爸爸那麼聰明，你怎麼跟你爸爸都不像。
□你媽媽那麼漂亮，你長得跟你媽媽一點都不像。
□你現在受重用是運氣好，運氣用完就知道了。
□是你沒有幽默感，我沒有諷刺你。

上面這些話語聽過或說過嗎？如果有的話，就代表話中帶刺，或話中加了酸味。

有些人說話的時候喜歡話中帶刺，說著、說著便冷不防暗中偷襲別人的弱點，然後悄悄躲在一旁欣賞對方的痛苦表情，這樣他們就會暗暗高興在心裡。

也有些人說話的時候，喜歡加點酸味，好似這樣生活才不會枯燥無味。

有次在路上巧遇只見過一面的朋友，他先熱情地和我打招呼，接著笑盈盈的對我說：「最近妳可眞風光呀！」隨後聲音突然提高八度：「啊呀！賺那麼多錢幹什麼，也帶不進棺材，就留點錢給別人賺。」聽到這麼酸的話，是要苦笑回應？還是直接離開？

通常喜歡諷刺別人者都是慣犯，他們很清楚自己的行爲是故意的，也知道別人聽了他們的話會不開心，但是，他們就是愛看別人被激怒的樣子。

不敢直接說出心中的不滿

很多人以爲，喜歡諷刺的人都會表現出刻薄的樣子，其實不然，根據我長期的觀察，很多諷刺者大部分的時間都表現得親切友善，不會把敵意明明白白寫在臉上。

可是，當諷刺者看對方不順眼，或暗中生對方氣時，就會採取一些間接的手段來攻擊對方，譬如說，他們會藉著言語諷刺間接傷害對方；或故意把對方的東西弄丟，讓對方蒙受財務的損失。

諷刺者之所以不敢直接說出心中的不滿，是因爲他們的膽子其實很小，深怕公開說出自己的想法，會和對方起衝突，爲了避免與敵人正面對打，他們寧可暗中放箭。

請諷刺者說明話中的含意

想要拔掉諷刺者話中的尖刺，其中一個辦法是，讓他們公開說明「話中的含意」。

曾經在一個聚會場合，看到有人用這個方法成功拔掉諷刺者的尖刺，眞是大快人心。當天聚會的諷刺者不知道哪裡受傷了，對每個人都充滿敵意，儘管大家心裡都被刺得很不舒服，但礙於情面，也沒有人敢直接問：「何以要一直講話刺我？」

可能是看我們都太柔順好刺了，諷刺者越說越有勁，當他又把箭頭射向外號小辣椒的朋友身上，一臉誠懇地問：「你爸爸頭腦聰明、做人成功，又長得一表人才，你怎麼一點都不像你爸爸呢？」小辣椒已經按耐不住，口氣不悅地反問他：「你的意思是在罵我人長得醜，頭腦又笨，做人又不成功嗎？」

沒想到小辣椒會逼他公開說明話中的含意，諷刺者立刻滿臉漲得通紅，很吃力地解釋：「我……我沒有這個意思。」

由於諷刺者不會將「敵意」寫在臉上，他們外表看似友善，內心卻又非常的自我防衛，容易讓人誤以爲他們「很好相處」，實則「難以應對」。和他們交往，常會有「右手歡迎你，左手攻擊你」的不愉快感覺。

所以，要想讓諷刺者停止攻擊，有時候不能一味的忍氣呑聲，試著直接點明他們話中的含意，或許能克制他們放冷箭的衝動。

請諷刺者以後不要再開這種玩笑

也有些諷刺者比較滑溜，就算已經挑明了問他：「何以你要一直刺激我？」他們還是會嘻皮笑臉地對你說：「我是在開玩笑，你不要那麼認眞。」並試圖把問題丟回你的身上：「是你沒有幽默感，我沒有諷刺你。」

這個時候，不要鬆口，繼續表明：「我不喜歡別人開我這種玩笑，請你以後不要再開這種玩笑。」把握機會跟對方把語言界線說清楚，他們才會知道你不是軟柿子，不能任意用話傷你的自尊。

了解諷刺者心中的怒火來源

有句話說：「冷嘲熱諷是冰山一角，它隱藏了一座怒火中燒的大山。」短短二十幾個字，卻非常傳神地描繪出諷刺者的內心世界。

當認識的人，特別是你的親人，不斷地用言語諷刺你時，不妨認眞地省思一下：是不是有哪裡惹他生氣？讓他必須不斷地對你冷嘲熱諷，才能澆熄心中的怒火呢？不要忽略親朋好友間輕鬆的玩笑和暗示，通常當有人說：「別認眞，我是開玩笑的。」那可能就是他隱藏的真心話。

網路中的酸民心理

除了現實世界會遇到諷刺者外，網路世界更多愛用語言攻擊、謾罵別人的酸民，現在已經有越來越多的心理學家研究網路酸民的心理，歸納起來有下面這些常見的酸民心理。

※酸民習慣把自己的弱點或是失敗「投射」到別人身上，透過在網路上使用語言攻擊別人，特別是貶抑事業有成的名人明星，可以降低對自己人生的失敗感，提升一點自我的成就感。

※對現實中的人際關係充滿怒氣，當滿腔的怒氣無處發洩時，酸民在網路上怒罵不相干的人、看不順眼的人，就具有宣洩怒氣的「替代作用」，既不用跟別人正面起衝突，也不必擔心對方會回嘴攻擊自己，可說是相對安全的情緒發洩方式，而且也非常方便，想攻擊就攻擊、想罵人就罵人，不受時空環境限制。

※透過激烈的言論引發社會大眾關注，特別是論戰造成的傷害越大、引發的衝突越高，他們反而越得意。

曾經有位學者對一千二百位網友做過調查，發現網路世界的「匿名特性」，很容易讓有「虐待傾向」的人，在網路上用語言攻擊別人來獲得快感，由於他們對別人沒有同理心，傷害別人也不會產生罪惡感，再加上「虐待傾向」的人喜歡看到別人受苦的樣子，所以，當受到攻擊的對象痛苦反應越大，就越會激起他們發動更強烈攻擊。

另一個讓網路酸民無所顧忌地使用語言攻擊別人的原因是，網路的特性有助於「反社會人格」的集結串聯，他們很容易在網路世界找到跟自己同樣具有攻擊特質的人一起發動戰爭，自然不會覺得自己有問題。

因此，面對網路酸民最佳應對方法就是，一方面不被他們的攻擊語言影響，另一方面直接報警處理，由執法人員來約束他們的行爲，而不用自己跳出來跟他們對戰。

換個說法：將「間接諷刺」換成「角色扮演」

話中帶刺的人內心大都很矛盾：明知不該說出來，卻又按奈不住，只好換個方式，間接攻擊別人，這樣至少進退有路，不會造成正面衝突。了解背後原因之後，試著扮演被自己諷刺的人，一方面體會「被諷刺者」的感受，另一方面化解「自我的內在衝突」：直接說出心中不滿，猜猜看，對方會有什麼反應？

心理諮商的過程中，經常使用「角色扮演」的方式，來提高一個人對別人與對自己的了解。想像自己被別人用言語諷刺的時候，會有什麼感受？會聯想到什麼？會採取什麼應對措施？感同身受後自然能夠明白，諷刺對別人的傷害有多大？造成的心理影響有多深？進而頓悟，這種兩面手法，非但無助於維持人我關係，反倒會累積強大的破壞力。

如果覺察自己對別人的冷嘲熱諷，背後其實隱藏了一座怒火中燒的大山，那就需要先了解心中怒火的來源，再協助自己冷卻怒火後，接著跟對方好好溝通，透過語言正向表達情緒，而不是用語言迂迴攻擊對方，「酸言酸語、說話帶刺」對自己、別人、關係都沒有建設性。

潑髒水、造謠、毀謗、誣衊的背後心理

□她是個性經驗豐富的隨便女孩。

□都是已婚人妻還勾引別人。

□她會爬到現在的地位，全都是靠出賣身體得到的。

□散布謠言：他已經確診新冠肺炎，還四處亂跑，傳染給別人。

上面這些話語聽過或說過嗎？如果有的話，就代表有人可能正在「造謠、誣衊、潑人髒水」，最好謠言止於智者，避免跟著傳播髒水。

被別人潑髒水，無論是造謠、毀謗或誣衊，對心理造成的破壞力都是巨大而強烈的，很多人會出現急性壓力的身心反應，常見的是腦中不斷浮現被造謠的語言以致無法入睡，也有些人會焦慮到頭暈頭痛，有人想到被人潑髒水就會覺得胸悶、心跳加快、呼吸喘不過氣，長期處於精神壓力過大的狀況下，也可能會轉變成憂鬱、焦慮、恐懼、恐慌等身心症狀。

一般常見的「造謠」有下面幾種：

※私生活混亂、不檢點。
※為名利出賣身體、靈魂。
※罹患大眾懼怕的疾病。

何以要製造這些「造謠、誣衊的髒水」來傷害別人，背後的心理動機是什麼呢？從歷來遇過、聽過的案例中，我歸納出下面幾種常見的「潑人髒水」的背後心理。

嫉妒心理：見不得別人好，「潑髒水」毀壞對方的名譽

有個女性朋友每次談戀愛都會莫名其妙的分手，為了找出答案，不再重蹈覆轍，她決定拉下臉詢問情人分手的原因。一問之下才知道，她的同窗好友，也就是她最信賴的戀愛軍師居然會「潑髒水」，造謠誣衊她，每當她交一個新男友，這個熱心的同窗好友便會積極主動地為她分析新情人的個性喜好，指導她怎麼討情人的歡心。

而當她照著同窗好友的建議去做時，同窗閨密又會跟男友透露她以往的戀情，造謠誣衊她是一個「性經驗豐富的隨便女孩，放蕩到連周遭朋友都看不下去的地步」，這些破壞性的謠言，自然讓剛認識的男友打退堂鼓，立刻提出分手要求。

除了嫉妒好友愛情順利幸福外，更常見的是，嫉妒對方有貴人提攜，暗中「潑人髒

水」，像曾有演藝事業剛起步的亮眼新人，因爲被人在網路潑「酗酒、出賣身體」的髒水，而想不開輕生。

渴望被關注的心理：「潑髒水」讓親人討厭對方

我認識一個朋友，記憶中她的婚禮非常盛大豪華，不僅請來特別的專業表演團隊，參加婚禮的賓客都不用包禮金，而且公婆還負責開舞，整個婚禮氣氛極度溫馨感人。當時覺得朋友嫁給一個開明溫暖的家庭，衷心爲朋友感到高興，未來她會過著幸福愉快的生活。

婚後朋友跟著先生到美國，雖然必須放棄原本的高薪工作，但朋友已經做好心理準備，滿懷期待展開婚姻生活。到了美國之後，朋友慢慢發現，婆婆只要先生在家的時候就會對她很好，但若只有她和婆婆單獨在家，婆婆便會開始用命令的口氣指使她做這做那，可是等先生一下班回來，婆婆立即會輕聲細語跟先生說，今天媳婦做了那些不好的事情，讓婆婆感到很苦惱。

朋友想要爲自己解釋說明，先生就會說：「我相信媽媽，我媽不是你說的那個樣子，我媽不會騙我，媽媽非常溫柔，對所有人都很好。」長期得不到先生信任，朋友開始無法入睡，每天都過得戰戰兢兢，不知道又會被潑什麼語言髒水。

有一天，我在路上遇到朋友，想都沒有想就問她：「從美國回台灣度假嗎？」沒有想到朋友當場崩潰，跟我傾訴婚後經歷的委屈遭遇。離開婚姻之後，朋友對人的信任感幾乎瓦解，她沒有辦法相信任何人，即使做了很長一段時間的心理治療，依然無法讓心理創傷翻頁，再度開啟另一段親密旅程。

從心理的角度，我也很想探索婆婆何以要破壞兒子與媳婦的關係？因爲除了媳婦以外，婆婆對每個人都開明、尊重，眞的很難相信婆婆會花這麼多心思破壞兒子和媳婦的關係，連我們這些參加婚禮的朋友聽到朋友敘述，第一個反應都是說：怎麼會這樣？甚至朋友離婚之後，親戚朋友仍然認爲她不是一個好的媳婦，總是覺得她人在福中不知福。這麼全面的被人誤解，導致朋友的心理健康被嚴重破壞。

報復心理：「潑髒水」讓大家遠離對方

疫情嚴峻期間，民眾都害怕染疫，但卻有人利用大家的恐懼心理，來潑別人髒水，到處散布謠言：某人已經確診新冠肺炎，還四處亂跑，傳染給別人。後來警方查證後才發現是一樁造謠事件，即使眞相大白，然而被潑髒水的過程，已經對身心造成影響。

期望被按讚的心理：「潑人髒水」增加點擊率

曾經看過一個眞實案例，有個女性只是去拿快遞，不料卻被人暗地偷拍，還將偷拍的照片上傳網路編造「已婚人妻勾引快遞員」的不實故事，從此這位無辜的女性不斷收到來自各方侮辱與騷擾的訊息，還因此罹患憂鬱症，連帶丟了工作。

被人潑髒水後，如果無法爲自己洗白，清除髒水所產生的「負面刻板印象」，就可能會被無力感包圍，慢慢失去對生活、對工作的動力，進入憂鬱與焦慮雙重情緒夾攻的心理危機中，很容易過度警醒，總是擔心受怕，無法放鬆。因此，光是告訴他們「不要在意這些謠言」、「不要被髒水影響」，是無法讓他們安心過生活，需要協助他們清洗「造謠誣衊髒水」帶來的傷痕，讓大眾知道是誰在潑人髒水，還給他們清白的名譽，才能重新開展清白的人生。

哪些話在霸凌別人？

- □連這個也不會，真不知道你會什麼？
- □連這種基本常識都沒有，你簡直笨得跟豬一樣。
- □你拿這個薪水不會覺得丟臉嗎？
- □你爸媽是怎麼教你的？
- □真不知道你是怎麼畢業的？
- □沒想到現在還有人會用這種方式做事情。
- □你這樣算是個男人嗎？
- □你這是什麼表情，家裡死人了嗎？
- □我不想跟垃圾說話。
- □誰敢混水摸魚，我一定磨得他滿地找牙。
- □怎麼搞的，沒有一件事做得好。
- □誰叫你自作主張的？

□這裡不歡迎你，請你離開。

□做不好就捲鋪蓋走路。

□任何人都可以取代你。

□你就是要聽我的。

□我給你最後一次機會，你現在馬上做出來。

□我給你最後的通牒。

上面這些話聽過或說過嗎？如果有的話，就表示在不自覺的狀況下已經在霸凌別人，不妨自我覺察一下。

曾經勸過被霸凌的人下面這些話嗎？如果有的話，就意味容忍霸凌者對別人造成傷害，需要做點調整。

□我們都是這樣過來的。

□你要忍耐。

□他的個性就是這樣。

□你太玻璃心了。

□你太脆弱了。

有個朋友向來以管理嚴格聞名，他最常掛在嘴上的一句話就是：「我的手下哪一個人敢混水摸魚，我一定磨得他滿地找牙。」

雖然沒有看過朋友公司員工滿地找牙的慘狀，不過，我倒是看過他們緊張到腸子打結的苦相。在員工眼中，朋友是個缺乏同理心的主管，他每天早上都要精神訓話，嘮嘮叨叨地指導每個人做事方法。而且員工必須百分之百按照他所說的話去做，不能加入任何一點個人意見，不然他就會大發雷霆，對員工咆哮：「誰叫你自作主張的？」

據說，朋友的霸凌行爲還不只如此，他經常會像幽靈一樣出現在員工的身後，並且出其不意地糾正員工的錯誤：「你這樣做不對啦！應該怎麼做才對。」嚇得員工出現心悸、冒冷汗、呼吸喘不過氣來的恐慌反應。

嚴格挑剔的霸凌者

由於這個朋友的作風實在太令人心生畏懼了，我只好趁著閒聊的機會，不著痕跡地問他：「你爸從小是不是管你很嚴？」

他立刻神情緊張地反問我：「你怎麼知道？」跳過問題，我更大膽問他：「那你爸爸以前會不會常常教訓你：『怎麼搞的，沒有一件事做得好。』」

這時他結結巴巴地問：「你……認識我爸爸啊？」其實，我不認識他爸爸，而是從他的言行推斷，他可能有個嚴父。在嚴父的管教下，他從小到大都被迫做個「小大人」，不能做錯任何事情，更不能違抗父親的旨意，否則，就可能慘遭被修理的命運。

朋友一方面不允許員工自作主張，另一方面又經常憤恨不平：「爲什麼我要做這麼多事情、扛這麼多責任？」「爲什麼我不能出國去旅行，稍微輕鬆一下？」完全忽略自己什麼事都要干涉，不肯放手給員工作主。

欺負新人的霸凌者

辦公室裡有時也會出現欺負新人的霸凌者，他們會挑選容易被欺負對象，強迫對方讓出資源，或是爲了支配對方而霸凌對方。

有個朋友跳槽到一家大型的企業集團，報到後沒多久，資深同事便邀請他去吃飯。起初吃飯的氣氛還算溫馨，可是當服務生端上咖啡後，味道便開始變調，資深同事話鋒一轉，不斷跟他強調：「你要乖乖聽話，我叫你怎麼做就怎麼做。」這下他才知道，原來這頓「接風飯」的目的，是要跟他「下馬威」。

會欺負新人的霸凌者多半對人心懷恐懼，害怕自己的「地位」和「重要」被新人取代。因此，若是能夠降低霸凌者的「威脅感」，或許可以減弱對方一點攻擊的火力。

降低「威脅感」最簡單的方法，便是「自我開放」，誠心誠意跟對方說明，自己的所做所爲都站在對方的立場，既不會和對方搶功，更不會讓對方爲難。

假如試過一切的努力，皆宣告無效的話，就表示你所應對的，是一個多疑、缺乏自信又沒有安全感的人，若時間不長，可以當成是一種磨練機會，體會人生百態；但若時間太長，就要認眞思考，值不值得爲了這種人犧牲自己的心靈健康。

不過，即使公司有欺生的現象，也不必太沮喪，每個人都有基本的自保能力，當我們熟悉了公司的運作情形，建立了自己的人脈關係，找到了自己的工作價值，適時勇敢地爲自己發聲，就能形成一層心靈保護膜，讓別人不敢隨便欺負自己。

常見的霸凌行為

常見的霸凌行爲包括：揶揄嘲笑、言語恐嚇、散布謠言，甚至會排擠孤立看不順眼的同事，意圖讓對方混不下去，知難而退。

譬如說，有些同事會當著上司的面，用揶揄嘲笑的方式揭發別人的短處。像我便曾經聽到有人當著老闆的面，開玩笑地問另一個同事：「我發現你喜歡利用上網的時候看不該看的東西，你都看些什麼網站？」表面上不懂人際分寸，實際上卻會讓別人陷入高度的焦慮不安中。

霸凌語言對心理造成的傷害既深又遠。

揶揄嘲笑被霸凌者

「他的話能聽，大便也能吃。」

「他的書都念到背上，沒有念到腦子裡。」

很多揶揄嘲笑別人的霸凌者會自以爲幽默，不知道這些嘲笑語言會造成心靈永久的傷害。

公開或私下對被霸凌者咆哮、羞辱、威脅

對人咆哮：「我不想跟垃圾說話。」

羞辱對方：「沒想到現在還有人會用這種方式做事情。」

威脅恐嚇：「做不好就捲鋪蓋走路。這裡不歡迎你，請你離開。任何人都可以取代你。」

這些霸凌語言，都會讓人心生畏懼，或開始質疑自己的能力，或是變得退縮害怕。

貶低被霸凌者的努力、能力、尊嚴

「你拿這個薪水不會覺得丟臉嗎？」

「你爸媽是怎麼教你的？」

「眞不知道你是怎麼畢業的？」

這些貶抑的語言，都會讓人感覺羞愧，覺得自己讓父母、學校蒙羞，沒有存在的價值與意義。

■對被霸凌者吹毛求疵，刻意在小事上面為難對方

「連這個也不會，眞不知道你會什麼？」

「連這種基本常識都沒有，你簡直笨得跟豬一樣。」

「要是再犯任何一個錯誤，就立刻離開。」

通常會故意刁難別人者，用意就是爲了激怒對方，自然形成敵對關係，這樣他才有藉口來挑剔對方的毛病，指責別人的不是。假如不明就裡，氣呼呼跑去找他理論，正好給了他吵架的機會，趁機當眾舉發你的無禮與錯誤。這時，不妨先觀察情勢，一方面表明自己支持配合的態度，另一方面積極和同事主管建立穩定和諧的關係，讓其他人了解你的處事作風；這樣就算有人想要霸凌你，也會有所顧忌。

■刻意誤解、扭曲被霸凌者的言語與行動

有些霸凌者是因爲預期「別人對自己有敵意」，乾脆先下手爲強，主動採取攻擊或報

復的行動。曾經聽過常常霸凌媳婦的婆婆不斷強調：「如果我示弱，就會被吃得死死的。」為了避免自己「被吃得死死的」，當婆婆覺得媳婦有些許對自己不敬的時候，立刻高壓霸凌對方。

■孤立、排擠、冷凍被霸凌者

會「關係霸凌」的人，多半對別人懷有高度的敵意，同時偏愛追求競爭，當他們想要達到的目標受到阻礙時，就可能對別人採取報復式攻擊，他們的心智狀態往往喜歡以攻擊的方式來解決衝突，迫使受害者讓出他們想要的實質資源。

■言語恐嚇、散布謠言被霸凌者

會採取「關係霸凌」的人，也常會透過網路散布不實謠言，或用惡意抹黑的方式，將受害者排除在社交網路之外，並且破壞受害者的社會地位與名譽。

韓國明星雪莉曾經在一個談話性的綜藝節目中表示，她很希望靠自己的努力，讓所謂的「黑粉」，也就是攻擊她的網友，能對她改觀；可是她努力了很久，網路上對她的攻擊，始終沒少過，也讓雪莉坦承，她患上了憂鬱症、恐慌症，甚至還有社交恐懼症。在雪莉離世之後，才開始有人反省，雪莉生前背負了多少的精神壓力。

有些霸凌者有可能之前也曾經被霸凌過，或是因為在網路上霸凌別人，很快自己也被網友們肉搜，成為下一個被霸凌的對象。

■「冷暴力」的霸凌者

「冷暴力」有兩個要素：「濫用權力」及「精神操弄」。

「濫用權力」很容易發現，而「精神操弄」剛開始的時候不容易被察覺，但是對心理健康的破壞力最大，長期下來被霸凌的人「會自覺不如人，覺得自己真的是對方說的那麼糟糕」，屈服於對方的惡意操弄下。

霸凌對心理的影響

諮商的過程中看過太多受霸凌所苦的人，長期遭受霸凌的人，通常會出現各種適應的危險，包括：孤單、焦慮、憂鬱、低自尊，想要逃離被霸凌的世界。而且，即使之後脫離被霸凌的環境，心靈依然會留下難以抹滅的陰影，深怕再度遭受別人的孤立、排擠，或惡意中傷。

想要協助被霸凌的人，可以發展支持性的友誼，有助於逐漸修復受創的心靈。例如，以實際行動陪伴被霸凌者出去走走，聆聽他們的心聲，避免跟他們說：這沒有什麼，不要在意、不要理對方就好了。

避免辦公室的霸凌現象

要避免辦公室的霸凌現象，最簡單有效的方法是，降低環境中的衝突氣氛。因此，主管在處理霸凌事件時，最好不要屈服於高壓行爲，不管是尖叫、嘲弄、打人、抱怨、激怒、威脅、哭泣等反應，同時更要避免擴大高壓狀況，這個時候，不妨使用「暫停法」來管理高壓行爲，譬如說，先請同事到不受干擾的空間冷靜一下，等到同事的情緒緩和下來後，再和霸凌者一起設定行爲公約，清楚說明辦公室裡需要遵守的行爲規範，以及如果違反規範會導致什麼後果，公司會採取什麼措施，協助同事找到非暴力的解決問題的方式。

最重要的是，公司需要宣導，所有的同仁都有責任協助建立避免職場暴力的工作環境，任何人目睹及聽聞職場暴力事件發生，都要立即通知公司的人事部門，或撥打員工申訴專線，公司接獲申訴後會採取保密的方式進行調查，若被調查屬實者，將會進行懲處。

減少網路霸凌現象

要減少網路霸凌現象，一方面要協助霸凌者控制怒氣，降低他們對令其不悅的人事物充滿敵意，另一方面帶領他們同理受害者的感受，訓練他們站在受害者的立場思考，讓霸凌者清楚知道網路霸凌可能造成的有害後果。

調整不當發飆行為

不當的發飆就是霸凌行爲，首先最好思考一下，究竟自己發飆想要達到什麼目的？接著要想辦法降低發飆的衝動，大部分愛發飆的人都輕忽自己行爲對別人造成的影響，總是期望別人事情過去就忘掉所有的不愉快，這種想法非常缺乏同理心，因此不妨試著同理別人的感受。

如果一時之間無法馬上改掉壞脾氣，那就先改變行爲，發現自己快要失控時，暫時離開現場，以免遷怒別人。

再慢慢學習用正向的方式表達情緒，舉例來說，練習使用「我訊息」來表達情緒，試著告訴別人：「我很抱歉……」、「我無意暴怒……」、「我很生氣……」說出當下的感受。

憤怒多半是「我能夠」和「我無法」的衝突，所以如果能把注意力放在「我能夠」，自然會產生正向的力量。

換個說法：「肯定命令句」換成「可能」、「或許」的商量句型

爲了「維持秩序」和「控制進度」，權威型的人很喜歡使用「命令句」，像是「你照著我說的話去做」、「你給我現在馬上做出來」、「你給我聽清楚」、「永遠不要忘了我說過的話」、「每件事情都要經過我的批准」。

若要調整說話方式，最快速簡單的方式，就是把「肯定命令句」換成「可能」、「或許」的商量句型。

「我有個想法，也許你可以參考一下。」目的一樣在「主導事情進展」，可是說法比較有彈性。

「面對這種處境，或許你可以採取什麼做法。」同樣是「交代做法」，但說法婉轉多了。

再者，就是把「你給我」改成「麻煩你」，對別人多點尊重，聽起來的感覺就完全不同。

譬如說，把「你給我去倒杯水。」改成「麻煩你幫我倒杯水。」感覺就尊重多了，不會讓對方產生被貶抑的感受。

煽動人心的說話方式

□我真是因禍得福，如果沒有離開這裡，我還不知道別家公司福利這麼好。

□薪水這麼低，工作量又重，老闆簡直把員工當成奴隸使喚。

□你能力這麼好，大材小用為公司賣命，居然還要當受氣包。

□今年景氣這麼壞，業績獎金少得可憐，如果你不去幫我們爭取加班費，過年大概要喝西北風了。

□你的表達能力最好，又最有領導能力，只有你有資格為我們爭取加班費，我們全家都靠你了。

上面這些話語聽過或說過嗎？如果有的話，就代表有人可能正在「煽動人心」，不妨深入了解對方背後的心理動機是什麼，以免自己做出「被誤導」的決定。

自己的情緒曾經被別人煽動過嗎？如果有的話，就需要自我覺察一下：在什麼狀況，對方用了什麼語言煽動自己的情緒？

一般而言，在人多嘴雜、利益糾結的地方，例如辦公室、大家庭，往往是情緒的易燃區，有心人士輕輕一煽，情緒就像野火燎原一發不可收拾。

還有當我們情緒脆弱的時候，也很容易被人煽動。舉個例子來說，深陷「職業倦怠」的瓶頸時，那種感覺，就像生病的時候，需要周遭人的關心與鼓勵，這個時候如果有人趁機煽動自己不滿的情緒，無形中就可能會受到對方影響，而對實際狀況做出錯誤的判斷。

煽動別人不滿的情緒

我遇過不少離職的員工，會趁著回舊公司看老同事的機會，煽動別人的工作情緒。他們最常使用的煽動說詞：「慶幸自己脫離苦海，同情別人仍陷於水深火熱之中。」煽動目的就是要挑起別人對公司不滿的情緒。

碰過一個性格較爲衝動的同事，跟老闆大吵一架後憤而離職。原本大家都以爲愛面子的他，再也不會跟同事聯絡了，不料他找到新工作後，卻常常打電話回公司報佳音：「我眞是因禍得福，如果沒有離開這裡，我還不知道別家公司福利這麼好，上班不用趕打卡，又有下午茶可以喝，工作只有以前的四分之一，輕鬆得要命，我們公司還有缺人，你要不要考慮過來？」

有這麼照顧員工的公司當然要過去，在他的鼓勵下，一些同事便毫不猶豫地遞出了辭呈，去到新公司之後才發現跟這位同仁描述的狀況差異很大。

冷靜想想，何以這位同仁離開公司後還要積極回舊公司報佳音？答案可能不是爲了別人的前途著想，而是爲了要報復前老闆：當初你爲難我，現在我也要讓你難看。如果不了解對方背後的動機，就有可能變成對方復仇的棋子，萬一工作環境沒有他形容得那麼好，就莫名其妙地砸掉飯碗。

煽動別人委屈的情緒

除了離職員工會煽動同事的工作情緒外，彼此有利害關係的人，更會趁同事工作倦怠的時候，在一旁用力地煽風點火，希望能激起對方辭職的念頭，這樣就少了一個升遷的競爭對手。在網路行銷公司工作的朋友，雖然很熱愛工作，但每當遇到創作瓶頸，內心深處還是會陷入掙扎：「自己究竟有沒有天分從事這個工作？」有個同事察覺到她的心情跌入谷底，便關心地跑來鼓勵她：「你的學經歷背景這麼好，留在這裡實在太委屈了，若是到外面的世界去闖一闖，前途一定不可限量。」

這番話深深打動朋友的心，她一直覺得自己缺乏冒險犯難的勇氣，爲了突破工作瓶頸，開創更遠大的未來，朋友決定鼓起勇氣去跟主管辭職。可是，就在她辭職獲准，準備另謀高就時，這位鼓勵她出去闖蕩江湖的同事，馬上來接收她所有的工作資源，前後態度改變之大，讓她很難相信是同一個人。

如果想要弄清楚，對方到底是在關心自己？亦是在剷除異己？檢驗的方法很簡單，假使對方是眞的關心你，會幫助你找出倦勤的原因，協助你渡過難關；而不是一味地鼓勵你離職。所以，倘若有人不斷勸你離職，最好思考一下，自己倦勤的原因是什麼？現在的工作瓶頸是什麼？自保之道是，尚未弄清所有的狀況前，先別太快下決定，多給自己一點時間，找出問題的癥結，再做出適合自己的生涯決定。

煽動別人上戰場

煽動人心的方法很多，有些人會誘之以利，有些人會動之以情，也有些人會灌對方迷湯。至於煽動者會採取哪一種方法，會視被煽動對象的個性而定了。

舉例來說，若你是一個富有正義感的人，那麼對你誘之以利，可能無法打動你；想激起你的正義感，最好對你動之以情：「今年景氣這麼壞，業績獎金少得可憐，如果你不去幫我們爭取加班費，過年大概要喝西北風了。」

要是眞情告白不能煽動你去「爲大家爭取福利」，那就換個方式用灌迷湯的說詞：「你的表達能力最好，又最有領導能力，只有你有資格爲我們爭取加班費，我們全家都靠你了。」看到一雙雙殷殷期盼的眼神，很難不被煽動，心甘情願的犧牲小我、完成大我，可見煽動的力量有多強。

「煽動人心」背後的心理動機

上面這三種「煽動人心」的狀況，背後各有不同的心理動機，一種是透過「煽動人心」壯大自己的聲勢，當人們處於極度焦慮或非常憤怒的時候，會試圖對外尋求支持，爲了營造有利自己的情勢，有些人會用言語煽動別人的情緒，希望大家都跟他站在同一陣線。

一種是藉著「煽動人心」減少競爭的對手，利用別人脆弱無助的時候，煽動別人不滿的情緒，讓對方自動離開，來降低對方的威脅感。

一種是運用「煽動人心」來爲自己謀取福利，這樣煽動者無須冒任何得罪上位者的風險，就能享受爭取來的好處。

通常容易被別人「煽動」情緒的人，個性多半較爲「衝動」。所以，做決定前，務必要多方查證，冷靜下來思考，洞察一下對方的動機，以免自己成爲有心人士運用的「工具」，還不清楚發生了什麼事情。

換個說法：將「煽動情緒的語言」換成「鼓舞士氣的語言」

儘管「煽動人心」的人，很懂得如何挑起別人的情緒，進而利用情緒的力量達成特殊目的，但長久來說，反而會阻礙有效的溝通。

想要建立有效的溝通管道，不妨先自我分析：

※我的說話風格是什麼？
※我的說話風格的優點和缺點各是什麼？
※我該怎麼調整說話風格？

「調整說話風格」最常遇到的瓶頸是，一種方式能夠使用多年，必定有其好用之處，往往嘗過甜頭後便很難棄而不用。就拿最善於煽動人心的政治人物爲例，要轉變煽動式的說話風格，其實並不如想像中困難，需要克服的是，放棄用情緒控制別人的習慣。

所以，只要將「煽動情緒的語言」，換成「鼓舞士氣的語言」，就能產生完全不同的溝通效果。

譬如，聽到同事工作不順利，忍不住發起牢騷時，倘若跟著大罵：「薪水這麼低，工作量又重，老闆簡直把員工當成奴隸使喚。」立即煽起對方不滿、憤怒的情緒。

如果用同情的語氣說：「你能力這麼好，大材小用爲公司賣命，居然還要當受氣包。」馬上勾起對方委屈的情緒。

仔細想想，煽動對方的情緒，能讓對方覺得好過一點嗎？若結果剛好相反，何以要讓對方感到更加難過？

比較有建設性的安慰是：「我一直很欣賞你處理事情的態度，現在這個狀況，相信你很快就能找到最佳的解決辦法。若有需要討論，我很樂於跟你一起討論，找出克服的方法。」同樣表達了支持的立場，卻不會煽動對方的情緒。

每個人都希望別人認同自己，跟自己站在同一陣線，不過，組成「聯盟」的方法很多，不一定要煽動別人憤怒不滿的情緒，既無益於身心健康，更無助於有效溝通。

酷愛批評的心態及回應方式

□沒有本領就想當老大。
□這麼醜的東西你也買得下去。
□笨手笨腳，什麼都做不好。
□沒見過比你更懶散邋遢的人。
□你哪裡還有改進的空間。
□我是為你好，才跟你講實話。
□我這個人是根直腸子，藏不住話。
□要是連我都不跟你說真話，還有誰會跟你說實話。
□雖然你這次表現得不錯，不過別太驕傲，一山還有一山高，你必須要更加倍努力。
□別人的稱讚都是在安慰你，不能當成真的，聽聽就好。
□你看人家先生多會賺錢，哪像你這麼沒有上進心。
□同事的太太把孩子教得懂事又有禮貌，你是怎麼當媽媽的，把孩子教得一點禮貌也沒有。

□連洗碗這麼簡單的事情，你也做不好，真不知道你還能做什麼。

上面這些批評的話你聽過或說過嗎？如果有的話，不妨深入了解批評的心態，才能降低批評的火力。

對看不順眼的人，或聽不順耳的話，說出自己的感受和想法，是健康而符合人性的，但若對每件事情，或某個特定人物批評個沒完沒了，心態就值得玩味了。

聽過各式各樣的批評，我歸納出幾種常見的批評心態。

投射自己的不好

有些人會把自己討厭的缺點和特質投射到別人身上，彷彿先指出別人的缺點，自己就可以安全過關。

像我就曾聽過一個媽媽用尖銳的聲音對女兒說：「妳的眼睛這麼小，將來有哪個人會看上妳？」相信聽到這句評語的人都會想要跳出來爲女兒抱不平：「何苦傷害孩子幼小的心靈，她的小眼睛還不是遺傳自父母。」

小時候跟同伴吵架，常會聽到「罵別人就是罵自己」這句話，雖是童言童語，卻爲「投射心理」做了最佳註腳。

舉例來說，喜歡遲到的人一發現有人比他晚到，馬上痛批對方：「有點時間觀念，好不好？」

酷愛爭取領導權的人，也常會不屑的批評別人：「沒有本領就想當老大。」

假如不了解批評者的動機是源於「對自己缺點的不滿」，所以，在別人身上看到「自己最討厭的缺點」就想批評對方，被批評者的心靈即有可能會受到重傷。

我認識一個女性朋友，從小就很討厭去阿姨家作客，每次媽媽問她：「何以不愛去阿姨家玩？」她都答不上來。其實背後原因是，這個阿姨總愛用憐憫的眼神望著她說：「妳的身材眞是像透了妳爸爸，腰又粗、背又厚，一點女孩樣都沒有。」不然就是用高八度的聲音尖叫：「天啊！妳的青春痘怎麼爛成這樣？」

阿姨或許不會曉得，這些無心的批評，讓朋友的青春歲月過得黯淡無光，差點走上絕路。長大成人之後，有次在跟家人聊天的過程中，朋友終於找到「阿姨老愛批評她身材」的答案，原來阿姨是因爲不滿意自己的身材，才會不斷挑剔周遭人的外貌。雖然眞相太晚揭曉，她的青春已經一去不復返，但朋友卻得以從阿姨的批評中解套，開始試著接納自己的身材，欣賞自己的外貌。

眼中只看得到別人的缺點

有些人的注意力好像經過「設定」，只看得到別人的缺點，而看不到別人的優點。

一個多才多藝的朋友跟我提及兒時的成長經驗，每當他考了第一名，興高采烈抱著獎狀回家，媽媽都能找到缺點打擊他：「你看隔壁家的碧玉多能幹，小小年紀就會幫媽媽洗菜，哪像你笨手笨腳，什麼都做不好。」為了贏得母親的誇獎，他一下課就趕回家做家事，媽媽依然嫌棄的說：「洗水果也不會加鹽巴，書都讀到哪裡去了。」無論再努力也得不到母親的讚賞，讓朋友的童年充滿了沮喪與挫折。

我也碰過一些「只看得到別人缺點」的朋友，和他們去餐廳吃飯，每道菜都能挑出毛病，不是烹調方法不對，就是調味比例錯誤，食物混合著「批評」一起下嚥，真會讓人吃得很不舒服。

和「眼中只看得到缺點」的人相處，很難會有愉快美好的回憶。有個相識多年的男性朋友，每次和他相約聊天都會覺得「不太舒服」。記得曾經送他一份精挑細選的生日禮物，他打開禮物第一句脫口而出的話不是「謝謝」，而是「批評」：「這個杯子的設計不夠有造型。」

我頓時恍然大悟，這麼多年我不舒服的感覺來自朋友的注意力，他只看得到缺點錯誤，卻看不到別人的優點用心。

擔心對方太過自滿

有些人則是擔心「讚美」會讓對方「太過自滿」，所以讚美之後一定要加幾句批評，才能殺殺對方的銳氣。

一般來說，父母師長常愛藉著批評激勵晚輩孩子：「雖然你這次表現得很傑出，不過別太驕傲，一山還有一山高，你必須要更加倍努力。」

這種夾雜批評的讚美，往往會使人分不清楚：對方究竟是誇獎自己，亦是在挖苦自己？久而久之，當然就不相信自己有「値得讚美」的地方，別人誇獎一句好話，自己立刻補充十句批評，才會覺得平衡。

我還聽過很多當事人跟我分享，從小到大爸爸媽媽總是告誡他們：「別人的稱讚都是在安慰你，不能當成眞的，聽聽就好。」

酷愛批評的人，多半有個用批評教育子女的家人，成長過程中，不斷提醒孩子「哪裡做得還不夠好」、「哪裡還有改進的空間」，從小成長在充滿批評環境中的人，也很習慣使用負向批評的語言，很難講出正向回饋的語言。

認為自己是「實話實說」

對抱持「實話實說」心態的人而言，他們多半認爲自己不是「故意批評」別人的言行，只是據實講出所見的觀感，因此，他們大多會事先強調：「我是爲你好，才跟你講實話。」或是乾脆推給先天的個性：「我這個人是根直腸子，藏不住話。」或是站在爲對方著想的立場表示：「要是連我都不跟你說眞話，還有誰會跟你說實話。」

「實話實說」與「批評語言」有什麼不同？

我的區分方法是，如果這些實話不是「中性的陳述事實」，而是「加入負面的評價」，我就不會照單全收，而會先自我省思：對方說的哪些話是「中肯的建議」？哪些話是「負面的批評」？「中肯的建議」可以給我們進步的動力，幫助我們看到盲點，提供修正的方向。但「負面的批評」卻會傷害我們的自尊，打擊自信心，阻礙前進的動力。

另一個分清「實話」與「批評」差別的方法是，倘若很多人都給自己相似的建議和提醒，便有可能是「中肯的實話」；相反的，假如只有一個人的負面的評語，就無需猶豫，立刻丟進回收桶，不用將對方的批評收進心裡面。

批評的基本心態

批評的基本心態，不出「用言語控制別人」、「害怕自己不如別人」和「比較誰是最優秀的」這三個範圍。

現實生活中，常常可以聽到「用言語控制別人」的批評：「笨手笨腳的，小心打破杯子。」先批評對方「笨手笨腳」，再控制對方「小心打破杯子」。

爲了證明自己有權糾正對方的言行舉止，不少人在溝通的時候，會先數落對方的個性，譬如說：「沒見過比你更懶散邋遢的人。」或是批評對方：「你天生就好吃懶做。」通常被批評的一方非但不會「改邪歸正」，反而會認爲：「既然我這麼差勁，幹嘛還跟我在一起。」

害怕自己不如別人時，就先指出對方的缺點；想要證明自己比較優秀，就將對方批評得體無完膚：「我看到你的弱點，表示我比你厲害。」

諮商的過程中，很常協助當事人面對「用別人的優點批評伴侶」的配偶，「你看人家先生多會賺錢，哪像你這麼沒有上進心。」或是「同事的太太把孩子教得懂事又有禮貌，你是怎麼當媽媽的，把孩子教得一點禮貌也沒有。」

關係越親近的人的批評，殺傷力越強，影響力越大。碰到酷愛批評的伴侶、家人、上司、朋友，該怎麼回應，才能免於心靈受傷？又能降低批評者的火力？

如何降低批評者的火力？

想要減少批評帶來的傷害，第一步，不妨先把批評「解構」，也就是說，找找看對方在批評裡面藏了哪些動機和用意？或許會赫然發現，原來對方「罵別人是在罵自己」，就不必生氣理會。

第二個有效降低批評火力的方法是，像鸚鵡一樣，重複對方所說的話，不要急著反駁解釋。譬如對方批評你：「真是個小氣鬼。」就接著重複一遍他的話：「我真的很小氣。」讓對方拿你沒輒。

第三個減少批評帶來傷害的方法是，詢問對方：「你要教我的事情是什麼？」把批評丟還給對方，假使對方不給你一個客觀中性的答案，就不用接受對方的批評指教。

第四個方法是，將「批評」當成「報告」來聽，對方只是提供一些「個人意見」給自己參考罷了，至於要不要遵從，選擇權仍在自己手上。這樣可以把「批評」跟「自己」分開，避免跟自己做連結，就不會牽動情緒反應。

在網路世界，相信每個人都會收到來自四面八方的批評指教，如何消化處理別人的批評語言，就成了人生最具挑戰性的一門功課，不僅可以讓我們了解人性，更能幫助我們修鍊身心。

倘若自己是個常常使用批評語言的人，需要學習的功課就更多了，不妨深入探索內在心靈，何以總是看到別人的缺點和錯誤？當自己能夠看到別人的優點與好處時，心情會豁然開朗，正向回饋也會越來越多。

換個說法：將「批評」轉為「建議」

很多酷愛批評的人，眼中只看得到別人的缺點錯誤，卻看不到別人的優點用心。所以，要調整批評的說話方式，首先就要轉變看待事情的角度。

第一步，用手機錄下自己跟別人的對話，或許會驚訝的發現，自己居然會使用這麼多負向的語言。

第二步，練習誇獎別人的優點：「我很欣賞你，是因爲你……」原因要講得具體眞實，才不會流於表面形式。

例如，我很欣賞你，是因爲你會注意到別人忽略的地方。

第三步，試著將「批評」轉爲「建議」。每次當你想要「實話實說」時，爲了避免「實話」中暗藏「批評」，先問問自己：「講這句話，想要表達什麼？」還有：「我有什麼改善的建議？」

舉例來說，當你看到情人一臉嚴肅的坐在客廳沙發上，你很想實話實說：「我又沒欠你一百萬，幹麻臉色那麼難看？」不妨先問問自己：「講這句話，我想表達什麼？」

自己眞正想要表達的是：我想關心對方發生了什麼事情？或者我害怕自己做了什麼讓對方生氣的事情？

接著想想：「我有什麼改善的建議？」

譬如說，可以建議對方：要不要休息一下？或喝點飲料喘口氣？

最後試著將「批評」轉為「建議」：「我看到你現在臉色有點疲累，可以告訴我發生了什麼事情嗎？如果你不想說，要不要休息一下？」

這樣做的差別是，「建議」有助於讓對方說明自己的狀況，同時給對方調整的空間，而「批評」只會讓對方看到自己不好的地方，既沒有正面的意義，還會引發對方的情緒。

布滿仇恨的詛咒心理：如何化解被詛咒的恐懼情緒？

□你會有報應。
□將來不得好死。
□你會下十八層地獄。
□你的後代絕子絕孫。
□出去被車撞死。
□生的孩子沒有屁眼。
□你們全家死光光。

上面這些話語聽過或說過嗎？如果有的話，就代表有「詛咒的怨氣」正在蔓延，要如何化解被詛咒的恐懼心理，才不會生活在暗黑世界中。

童話故事裡的睡美人，就是一個被詛咒的故事，王后生下美麗的公主，歡喜邀請民眾和仙子們來參加公主的生日宴會，但沒有發請帖給邪惡仙子，憤怒的邪惡仙子，不只直闖宴會，還帶來「公主會被紡織機的紡錘刺破手指而喪命」的詛咒，雖然另一位紫丁香仙子化解了詛咒的威力，讓公主不會死亡，卻會一直沉睡到有愛慕者前來親吻公主，才能甦醒過來。

故事中焦慮的國王因爲害怕公主受到傷害，下令全國禁止使用紡織機和紡錘，原本以爲公主可以健康安全的長大成人，不料公主十五歲那年卻無意間在一座古塔中碰到正在使用紡錘紡線的老婆婆，公主一靠近紡錘立即昏倒在地，詛咒成眞了。

布滿仇恨的詛咒心理

睡美人的故事反應了詛咒的重要心理元素，一是詛咒者希望他人遭遇不幸，二是不幸的苦果往往是報應在後代子孫身上，而且詛咒的時間很長，不確定感會讓被詛咒者長久生活在恐懼焦慮的氛圍中。

現實生活中，無論東西方都很常見跟詛咒相關的新聞，譬如，看過家庭失和、衝突連連，滿懷怨恨的家人會在牆上貼滿各種詛咒符令：「車禍斷腿」、「早日離婚」，讓家人情緒受到很大的干擾。

也有追求者在告白失敗後，開始用各種方式詛咒對方，寄恐嚇信、冥紙、奠儀袋詛咒對方罹患癌症、全家死光，甚至在對方家門口放血淋淋的豬頭，讓對方飽受驚嚇。

「哈利波特」的作者J·K·羅琳，對詛咒有很深刻的研究，在書中她透過海格告訴剛滿十一歲的哈利波特說詛咒是黑魔咒的一個種類，也是黑魔法中最邪惡的一種，詛咒有許多種形態，其魔力各不相同，但大多會造成嚴重傷害或者痛苦，如難以忍受的疼痛、精神控制或直接造成死亡。

詛咒容易形成「預期的自我暗示」

碰到「被詛咒」的狀況，很多人會勸他們「不要理會這些詛咒就好了」，其實沒有這麼容易，因爲「詛咒」是長時期的念力，不知道什麼時候會發生，所以，很容易形成「預期的自我暗示」，無形中被詛咒的人會把注意力放在負向、倒楣、不順利的事物上面，造成「詛咒成眞」的錯覺。

再加上「被詛咒」後，由於心理負擔沉重，很多人都會失眠睡不好，導致專注力下降、記憶力衰退，頭腦運作不順暢，同時恐懼的情緒也會讓判斷力下降，有時候受到心理壓力的影響，還眞的會發生不好的事情。

記得多年前有個同事收到披薩店外送、指名要給他的披薩，數量很多總共有「三個大披薩、兩個小披薩」，而且還要他付款。這個同事當下感到很困惑，因爲他根本沒有訂這些披薩，沒過多久，他就收到一封祝他「三長兩短」的訊息。更慘的是，這些「被詛咒的披薩」非但沒有同仁敢吃，事情還傳到老闆耳裡，認爲這個同事不只破壞公司形象，還把公司弄得烏煙瘴氣，招致不好的運勢，希望他可以自動離職。

從此以後，我就很能體會「被詛咒」對心理的影響有多大，不僅是被詛咒的當事人身心受創，連周遭人都會感到恐懼不安。

如何化解被詛咒的恐懼情緒？

要化解被詛咒的恐懼情緒，第一步要先破除「負向的自我預期暗示」，把注意力從負向、不順利的事物上面轉到正向、順利的事物上面。

第二步可以透過一些「儀式化的行爲」，來安定自己的心理，例如，到能讓自己安心的寺廟祈求平安，或是透過收驚的儀式來降低恐懼；也可以去教堂尋求安定的力量。

第三步不妨跟心理師討論詛咒帶給自己那些影響，並且透過心理專業的協助走出陰影，同時也能藉由呼吸練習，遞減不舒服的感覺，以及負向想法。

PART 3

情人之間常見的說話方式

Observe people by speaking

男人「不哼氣」，女人「愛囉唆」

□明明說出來就沒事了，偏偏他就是不哼氣。

□怎麼問都沒有答案，讓人急到心臟病快要發作。

□不知道他心裡在想什麼，好心關心他反而嫌我多事。

□多問個兩句，他就口氣不耐煩。

□有心事就說出來，大家一起來面對。

□無論我說什麼，他都不相信我真的沒事情。

□他表情怪怪的，一定有什麼事情瞞著我。

□你覺得這樣好不好？

□好了，我已經知道。

□為什麼不早點講。

□講重點，你的重點是什麼。

上面這些話語聽過或說過嗎？如果有的話，就代表自己可能不了解對方的表達跟溝通

方式。

在親密互動時，最苦惱的狀況莫過於「直覺對方心裡有事」，可是「怎麼問都沒有答案」，常常越關心對方，得到的回應越令人難過。

最常聽到的女性心聲就是：不知道他心裡在想什麼，好心關心他反而嫌我多事。

身邊很多女性都想不通：「明明說出來就沒事了，偏偏他就是不哼氣，讓人急到心臟病快要發作。」然而另一半也感到很無辜：「無論我說什麼，對方都不相信我眞的沒有事情。」

何以會有如此大的差別？關鍵就在於雙方表達和溝通方式不同，才會造成一大堆的誤會，公說公有理，婆說婆有理，結果兩邊都認爲對方「不可理喻」、「難以溝通」。事實上，許多研究都證實，男女的溝通方式的確有很大的差異，如果不了解，便很容易誤解對方的意思。

女人比較善於解讀「肢體語言」

曾經有個心理學家發展出一套「非語言訊息」的敏感度測量影片，所謂「非語言訊息」包括四個部分：「眼光接觸」、「臉部表情」、「肢體語言」，還有「聲音線索」，結果發現，女性不但比男性擅長解讀「非語言訊息」，而且女性也比較常使用「非語言訊息」來表達情緒感受。

這就是何以女生常會覺得男生「表情怪怪的，一定有什麼事情瞞著自己」，也因此，女生會不斷試圖打開對方的心防：「有事就說出來，說出來不是會比較舒服。」或是鼓勵對方：「有心事就說出來，大家一起來面對。」

相對的，男生也經常因爲沒有察覺女生「生氣或不高興」，以致沒有適時關心回應，讓女生覺得對方「沒有用心」，或是「完全不了解自己」。

再者，語言心理學家的研究顯示，人際溝通的時候，「非語言訊息」（包括聲音、語調等副語言）的傳達佔了百分之九十三，相較之下，「語言訊息」只佔百分之七，因此，學習看懂「非語言訊息」，是非常重要的溝通技巧。

女生注意「細節」，男生講求「重點」

在溝通方式上，男女另一個差異是，女生敘述事情比較詳細，會清楚交代事情的始末和細節；而男生則習慣掌握重點，認爲女生講話「太瑣碎」、「太囉唆」，也因此，男生常會不自覺表現出「聽得不耐煩」的樣子，然後提醒女生：「講重點，你的重點是什麼。」一不小心就演變成衝突吵架的導火線。

女生的「形容詞」比較豐富，男生「簡潔理性」

一般來說，女生描述事情的時候會用很多形容詞，希望對方能夠更理解自己的狀況；至於男生則傾向理性表達想法，太多的形容詞，反而會讓男生搞不清「女生眞正的意思爲何」。

女生常用「探問句」，男生常用「肯定句」

討論事情時，女生大多喜歡「先商量再決定」，就算心裡已經有了答案，還是會用「探問句」，聽聽對方有沒有其他的看法，所以，女生常會問男生：「你覺得這樣好不好？」或是不確定的說：「這樣做，對不對？」或是客氣的詢問對方：「如果不會太麻煩的話。」表面上好像是「想聽對方的意見」，實際上卻是「基於禮貌」，或是期待雙方「溝通交流」。

相對的，很多男生習慣「自己做決定」，爲了強調自己「有主見」，習慣用「肯定句」，討厭猶豫不決的語句。因此，當男生聽到女生的「探問」，便立刻給對方「建議」或「答案」，而沒有詢問對方的想法，既沒溝通也沒交流，常讓女生覺得「不受尊重」。

我認識一對情侶檔的朋友，兩個人溝通方式完全符合「男女差異」，每當女友想要把事情「講清楚一點」，男友便打斷她：「好了，我已經知道。」出去約會也是男友提議：「我們今天去看電影。」女友就最好附和，否則男友即會不悅的表示：「幹嘛不早點講。」久而久之，女友自然會覺得「意見不被重視」，但男友卻反駁：「妳不說我哪會曉得，我又不是妳肚子裡的蛔蟲。」

了解兩性溝通方式的差異，並不意味從此天下太平，還需要有點「耐心」多些「善意」，養成聆聽對方的習慣，增加察言觀色的敏感度，才能成為一對快樂伴侶。

「心想事成」的說話技巧

溝通的時候想要心想事成，只要懂得對方心理，外加一些溝通技巧，就能夠「心想事成」，但記得要避免提出太過分、太不合理的要求。

培養「積極傾聽」的技巧

在親密關係中，如何清楚表達自己的意見，同時讓對方正確解讀，可說是最重要的功課。如果想讓情人聽見自己的聲音，首先要營造「互相討論」的氣氛，這樣情人有事情的時候，才會主動找你討論，希望聽聽你的看法。

無論話題是否感興趣，都要「積極傾聽」，表現出高度的好奇和興趣，盡可能的融入話題中，並且要適時回應，不要任意打岔或轉移話題，不然下次找情人聊天，對方也會聽得意興闌珊。

有個朋友每次跟情人聊天，都聽得津津有味，而且會有各種回應，或是興奮的說：「真的，好有趣喔！」或是跟著對方的描述詢問：「然後呢？」或是了解的點頭，讓說話的人不會有唱「獨角戲」的感覺，而會想分享更多的經歷。

採取「選擇策略」

要讓情人聽從自己的意見，與其使用「命令口氣」，不如採用「選擇策略」，主動提供「解決方法」讓對方選擇，對方採納自己意見的成功率就會提高。

例如，要約忙碌的情人出來溝通一下，就能使用「選擇策略」，先依照實際狀況想好兩個解決方法，然後詢問對方：「我知道你最近很忙，你希望我們周末去外面餐廳聚聚？還是叫外賣回家邊吃邊聊？」

「選擇策略」要成功，訣竅是站在對方的立場設想「解決方法」，同時尊重對方的選擇權，讓對方覺得你處處爲他著想，當然會開心接受你的提案。

「腳在門檻內」效果

這是應用「印象整飾」的原理，引導別人逐步答應自己的要求。

步驟是，先說服對方接受一個「小要求」，當對方「腳踏入門檻內」，之後讓對方接受「更大要求」的可能性就會提高許多。也就是說，如果從來不曾對情人提出任何要求，那不管以前對情人多好，對方都不容易接受請求。

有個朋友非常懂得運用「腳在門檻內效果」，一步一步教導情人成為家事高手。她先從最簡單的「按洗衣機操作鍵」開始教起，出門後打電話拜託情人：「抱歉，我剛才匆匆忙忙出門，忘了按『洗衣鍵』，麻煩幫我按一下。」不過是舉手之勞，情人愉快的答應幫忙；接下來她又擇日要情人：「洗完衣服後，把衣服從洗衣機裡拿出來，等回來我再晾乾。」這麼容易的工作，情人馬上欣然接受任務。後來情人更是自動自發，主動幫她晾衣服，然後越做越多，越做越順手。

「腳在門檻內」效果要好，關鍵在於「事後讚美」，即使只是一個小忙、一件小事，都要誠心誠意感謝對方，才能「增強」對方繼續做下去的動力。

「漫天要價」效應

這是利用人們「不好意思拒絕別人」的心理，來讓對方接受請求。一般而言，當我們連續拒絕別人幾個請求之後，就會因為「不好意思」或「不忍心」再拒絕，而答應對方其中一個要求。

我認識一個女性朋友，她想讓男友帶自己出國旅行，雖然明知男友不可能帶她去又貴又遠的歐洲，但她卻仍然堅持提出；被拒之後，她又再接再厲，提議到美國去玩，男友依然不肯點頭，這時她還不放棄，帶著一點失望的語氣跟男友說：「那我們去近一點的日本好了。」經不起她的再三要求，男友終於答應去京都旅行。

「漫天要價效應」要成功，一是要有耐性，慢慢提出建議，二是要情緒控制良好，當對方拒絕時，不能惱羞成怒，否則就會宣告失敗。

不過，在此要提醒一下，「漫天要價效應」不能常常使用，只能用在對自己非常重要的事情上面，不然對方很容易覺得你太過貪心，反而會招致負面效果。

用心閱讀情話，了解雙方的感情需求

□充滿感激的情話。
□真心讚美的情話。
□肯定崇拜的情話。
□加油鼓勵的情話。
□接受示愛的情話。
□完全信任的情話。
□滿懷關心的情話。
□被人了解的情話。
□備受呵護的情話。
□適時安慰的情話。
□保證忠誠的情話。

上面這些情話，你最想聽哪一種類型的情話？每句情話的後面，都可能藏了一個感情

需求，如果認真聆聽，不只可以了解自己，更可以深一層了解情人的內心世界，提高愛情的滿意度。

一個很久不見的朋友和情人分手了，爲了安慰她，我們相約吃飯、看電影。原本以爲朋友會帶著憂愁沮喪的面孔出現，不料看到的是一張帶著淺淺微笑的臉龐，頓時安心不少，不用再費心去想「失戀慰問詞」了。

朋友主動開啟話題：「其實這次失戀，讓我學到很多東西。」她的眼神非常認眞，認眞到好像不是在跟我說話，而是在跟她的分手男友告白：「我眞是太粗心了，交往以來，從來沒有讀懂他寫給我的情話究竟是什麼意思？難怪他會生氣走了。」

「妳是說，他的情話中還夾帶了其他的訊息？」對朋友的發現，我也充滿了好奇。

「沒錯，他不斷藉由情話來傳達內心恐懼和不安的情緒。」朋友接著說：「好奇怪，當時我怎麼看就是看不懂，分手後卻一看就懂了呢？」朋友露出疑惑的表情。

「因爲妳現在能夠體會他的心情。」我附和地說。

「以前看他寫給我的情書，都會覺得怪怪的，有點不舒服，現在我終於明白，原來他都在描寫『分手時的感覺』，難怪我體會不到。」朋友彷彿悟道般說出自己的分手感想。

所以，「情話」除了傳達愛意，有時候更會透露對方當時的心理感受，如果用心聆聽，及時滿足對方的需求，或許就能提高感情的滿意度。

男人女人愛聽不同的情話

請別人吃飯前，我們會先打聽對方喜歡什麼口味的餐廳，同樣的，寫情話給對方前，不妨先了解對方喜歡聽什麼內容的情話，才能說到心坎裡。

處於熱戀階段的朋友，有一段時間密集地發送非常多的情話訊息給男友，我原本想給她正向回饋：「相信妳男朋友很感動吧！」

沒想到朋友的聲音卻充滿了失望，她幽怨地表示：「才沒有，我男朋友不但沒有感動，甚至還批評我的情話太過噁心肉麻。」

朋友同時還下了一個結論：「算了，我悟到一個道理，不要試圖對牛彈琴，否則不但自己會生氣，牛也會聽得不耐煩。」

好個「對牛彈琴」的比喻，不過，我倒很想看看她究竟寫了些什麼情話，會讓男友辜負她一片苦心？在朋友拿情話給我看之前，我也感覺對方可能是個不解風情的人，可是，當我看完朋友用滿腔愛意寫出來的情話之後，我終於明白問題出在哪裡，並非朋友的男友不愛收到情話，而是她的情話其實是寫給自己看的。

由於男性的「感情需求」和女性不同，所以，有時男性愛聽的情話當然也和女性不同。根據男性的感情需求，一般來說，男性比較愛聽的情話是：

※充滿感激的情話。

※真心讚美的情話。

※肯定崇拜的情話。

※加油鼓勵的情話。

※接受示愛的情話。

※完全信任的情話。

這就是何以朋友寫的情話會引不起男友共鳴的緣故。

依照女性的感情需求，大體而言，女性比較愛聽的情話是：

※滿懷關心的情話。

※被人了解的情話。

※備受呵護的情話。

※適時安慰的情話。

※保證忠誠的情話。

倘若情話要引起共鳴，就要先了解對方的感情需求，這樣情話才能增強愛情的體質。

最常聽到的四句經典情話

情話不只是情感的傳達，更能反映出交往時的心理狀態，美國著名的婚姻治療家哈維爾．韓瑞斯，曾經做過一個關於情話的研究，他從流行歌曲、情詩、愛情小說、戲劇，以及數百對夫妻的描述中，歸納出四句「情話的基本句型」：

第一句情話是：「我知道我們才剛認識，但我總覺得已經認識你很久了。」

很多情侶在剛認識對方時，都會不可思議地說出這句情話，這表示雙方相處自在舒暢，彼此有強烈的共鳴感與熟悉感。

第二句情話是：「真奇怪，我們認識才沒多久，我卻不記得沒認識你以前是什麼狀況。」

通常當兩個人的感情濃烈時，都會產生「時間消失的現象」，好像跨越時間的界限認識一生一世那麼久，就是感覺不到時間的存在，約會時間總是過得特別快。然而，當兩個人的感情轉壞時，就會產生「時間的靜止現象」，覺得相處的每一分每一秒都特別漫長、特別難熬。

第三句情話是：「跟你在一起，我不再覺得孤單。」

當一個人會發自肺腑地說出這句情話時，便意味他的感情有了歸屬，找到生命中最重要的支持對象。

第四句話是：「我愛你，我不能沒有你。」

這句情話的背後，隱藏著雙重含意：第一層含意是「我必須跟你在一起，才會覺得幸福快樂。」第二層含意是「假如你離開我，我就會活不下去。」

「深愛」的背後往往承受了等重的「恐懼」，越愛一個人，就越怕失去他。

每句情話的背後，都有一個深層的含意，若能用心閱讀，就能及時安撫對方的情緒，了解對方的心意。

二十句萬用的溫柔情話：什麼時候需要傳遞情話？

□我知道我們才剛認識，但我總覺得已經認識你很久了。

□真奇怪，我們認識才沒多久，我卻不記得沒認識你以前是什麼狀況。

□跟你在一起，我不再覺得孤單。

□你工作那麼辛苦，今天晚上幫你按摩一下，好不好？

□晚上你要來我這裡嗎？我下廚做幾道菜給你補一補。

□碰到對方交際應酬，聲音中帶著酒意時，不妨用擔心的口吻說，「你在哪裡？我去接你，不然我放心不下。」

□如果你回來，看到我睡著，雖然是因為太累睡著了，但是你一定要把我叫醒，不然我在夢中都會睡不安穩。

□不管別人怎麼說，你在我心裡都是最好的。

□看你這麼累，我好心疼，有什麼是我可以為你做的嗎？

□假如你想環遊世界，我願陪你實現夢想，假如你想找人說話，我願當你的忠實聽眾。

☐你的健康比什麼都重要，好好照顧自己的身體。

☐你對我的好無可挑剔，你對我的重要性無可取代。

☐當你射向天際，追求理想，我會為你備好足夠的燃料，默默為你加油。

☐因為你，我才知道什麼叫做善體人意。因為你，我才能無後顧之憂。因為你，我才能比別人幸福。

☐在你面前我看到自己的好，不再覺得是個沒人愛的醜小鴨。

☐當臥房只有一個人時，適合讀書；當臥房增加到兩個人時，就適合做愛做的事了。

☐因為在乎，所以霸道；因為你太好，怕別人也來搶。

☐好希望自己的頭腦像電腦一樣，能記住你交代的每一件事情，請原諒常常當機，但絕不是對你不在乎、不用心。

☐很想送一份特別的禮物，給我最在乎的人，可是好情人難找好禮物難尋，最後決定送出一份有點創意又有點感性的禮物，希望你喜歡。

☐身體舒服點了嗎？聽到你虛弱的聲音，我再也無法專心工作，一心牽掛你的身體健康。

☐Sorry，沒時間陪你，最近常臨時取消約會，讓你很失望，儘管內心愧疚，嘴巴卻不會表達。

□出來製造回憶，意外的驚喜，常成為最難忘的回憶；平淡的生活，會讓記憶一片空白。

上面這些情話，各有不同的功能，選選看，你最想聽到哪一句情話？你的情人最想聽到哪一句情話？選好之後，可以對照〈用心閱讀情話，了解雙方的感情需求〉那篇一起看，可以為你們的愛情做個健康檢查。

什麼時候需要傳遞情話？

想想看，你有多久沒寫情話了？

※已經忘了上次寫情話或講情話是在什麼時候？
※不習慣說情話，總是覺得很彆扭。
※想不出來自己曾經跟情人說過什麼感人的情話。
※記不得情人說過什麼難忘的情話。
※認爲寫情話是文學家的事情，與我無關。

上面五種情況，只要有任何一種情形發生，就代表是「傳情話給對方」的好時機。寫情話不是寫作業，既沒有時間限制，也沒有公式可循，當你有話想對情人說時，就是寫情話的最佳時機。

無需害怕自己文筆不好，無需擔心詞不達意，凡是你用心寫下的情話，就是最感人的情話。如果你實在講不出情話，那就進行「感恩計劃」：

※不論對方爲你做了什麼，都面帶微笑地跟對方說一聲「謝謝。」

※當對方下班回家的時候，表現出最大的歡迎熱忱，讓對方知道，你很期盼看到他。

※把對方的照片護貝，放在皮夾裡隨身攜帶，或把對方照片放在手機螢幕，用行動告訴對方，他在你心裡的重要性。

※即使對方做的只是一些生活瑣事，也要讚美對方幾句，讓對方曉得，他做的每一件事情你都「看在眼裡」，沒有「視而不見」。因爲大部分人都很在乎，自己的所作所爲，對方是否感受得到。

※找個名目，送對方一個小禮物，感謝對方的辛勞與付出。

※邀請對方去看場電影、藝文表演、服裝秀或是球賽，以對方的喜好爲選擇標準，而且要事先買好門票，並選個絕佳的座位，這樣才能顯出誠意。

※經常穿戴對方買給你的衣服或飾品，同時用幸福的口吻讚美對方的眼光，以及你有

多喜歡這個禮物。

※隨時找機會抱抱對方，或親親對方，用親密的肢體語言讓對方眞實感覺到你有多愛他。

若想讓感情永保鮮度，最好每隔一段時間就進行一場「感恩計劃」，內容要不斷推陳出新，才不會流於形式。相信在執行計劃的過程中，會發現彼此的新優點，有助於相互間的了解與認識。

「雙重標準」加上「愛碎碎念」的溝通組合

□交往以來花太多時間約會了，從現在開始要多花點時間在工作上。
□不要浪費時間參加同學朋友的聚會，這樣沒有進步。
□妳要早點回家，以免危險；我是男生，晚點回家沒有關係。
□你不要亂花錢買沒有用的東西，我買的都是有用的東西。
□我家人的狀況不一樣，不能相提並論。
□你這個人意見很多，很難相處。
□為什麼男生可以，女生就不可以？

上面這些話聽過或說過嗎？如果有的話，就表示你們的關係中可能存在著「雙重標準」。

在做感情諮商的過程中，我發現，「雙重標準」加上「愛碎碎念」的溝通組合，是情侶間很常見的溝通模式。

以前什麼都好，現在什麼都不好？

當勝利第一眼看到玉雯，就在心裡告訴自己：我一定要追到這個女生。在這個信念的支撐下，勝利眞的無所不用其極，只要他知道玉雯會參加什麼活動，他都會出現，不斷找機會接近玉雯，無論玉雯提出什麼臨時動議，他皆使命必達。

幾乎所有玉雯身邊的同學朋友都一面倒，勸玉雯趕快接受勝利的追求：到哪去找這麼愛妳的人？在勝利熱烈的追求，加上旁邊同學強力的促成下，玉雯很快融化在愛情海中。

開始交往的前半年，玉雯眞的覺得自己是世界上最幸福的小女人，想去哪裡勝利都陪伴同行，想做什麼事情勝利也全力支持，就在玉雯以爲「王子、公主從此過著幸福快樂的生活」的時候，勝利對待自己的態度開始有了微妙的變化。

初期，勝利會跟玉雯說：交往以來花太多時間約會了，學校的報告都沒有寫，需要開始趕工，不然會被教授當掉。玉雯立刻從善如流，要勝利先以課業爲重。

接下來是每逢學校放假，勝利就會一直叮嚀玉雯：不要浪費時間參加同學朋友的聚會，這樣沒有進步。這跟過去的勝利簡直判若兩人，讓所有撮合勝利和玉雯交往的同學朋友都不敢相信：勝利居然會限制女朋友的行動。

更令人傻眼的是，勝利連玉雯買什麼東西都有意見，他覺得玉雯買的都是「亂買的」，不像他買的東西都是「有用的」。如果玉雯跟他抗議，勝利就會理直氣壯表示：「自己會這樣做都是因爲求好心切『爲了妳好』。」

為什麼男生可以，女生就不可以？

隨著交往時間越長，玉雯發現勝利的規範都是專門設立給自己遵守的，而勝利自己卻有千百種理由可以不用遵守：「妳要早點回家，以免危險；我是男生跟妳不一樣，我晚點回家沒有關係。」

玉雯覺得越來越不平衡，內心常會吶喊：爲什麼我不可以，你卻沒有關係？爲什麼男生可以，女生就不可以？爲什麼會有這麼多專爲女生設立的規範？爲什麼以前什麼都好，現在什麼都不好？越想越生氣，也越不懂：爲什麼勝利會有「雙重標準」？

「雙重標準」背後的心理

諮商的過程中發現，很多人都跟故事中的玉雯一樣，不理解何以情人在「追求階段」跟「相處階段」的行爲標準是不同的。因爲剛認識的時候，雙方關係仍屬於「外人」，所以會有很多包裝和容忍，等到變成「另一半」，行爲標準就會變得比較嚴格。

不少擁有「雙重標準」的人，是屬於「嚴以律人，寬以待己」，他們很善於合理化自己的行爲，非常懂得爲自己辯護，唯獨缺乏「自我覺察」，看不到自己的矛盾與防衛。

再者，有「雙重標準」的人，常常會在開始交往的時候，假裝很尊重對方的意見，等到彼此關係穩定了，他們就會要對方按照自己說的話做，不然就會用語言貶抑對方的選擇。譬如說，只要不依照他們的指令去做，他們就會說：你這個人意見很多，很難相處。

此外，有「雙重標準」的人也會常扭曲現實，他們判斷和決定事情的標準，是根據自己當時的心情、對人的好惡、雙方關係的深淺，而選擇對自己有利的說法，所以很容易讓人無所適從。舉做家事來說，當自己的家人沒有做家事，「雙重標準」的人會說：「因爲家人太忙或太累。」可是若對象換成另一半，他們就會說：「一點家事拖這麼久，沒見過這麼懶的人。」

藉著叨念來降低內心的焦慮感

通常「愛碎碎念」的人都是藉著叨念來降低內心的焦慮感，意圖改變對方的行爲或想法，期望對方凡事都聽自己的指導，才會覺得安心。倘若對方有自己的意見和想法，就會加重「碎念」的力道，直到對方受不了改變爲止。

事實上，「雙重標準」很容易讓人產生委屈不平的心理，而被「碎念」的一方則容易引發身心壓力，爲了維持情緒平衡穩定，被碎念者只好被迫關上聽覺、放棄溝通；兩個加在一起，對感情的殺傷力也是雙重加倍的。因此，情侶最好採取「換位思考」的溝通方式，才有助於互相了解。

從「管人理由」看佔有慾強弱

□如果你不是我的情人，我才懶得管你。
□我是為你好。
□我不管你，誰管你。
□穿成這樣，是要去勾引誰，去換掉。
□這些衣服全部丟掉。
□你怎麼如此固執，這件衣服你穿起來真的很難看。
□你不要笑得那麼誇張，好不好？
□你看，人家模特兒走路的樣子多好看，你為何不多跟她們學學。
□拜託，你講點有水準的笑話好嗎？
□你跑到哪裏去鬼混，為什麼不準時回家？
□你昨天去哪裡了？為什麼我打電話到你家沒有人接？
□你為什麼不爭取那個職位呢？

□你的公司這麼爛，你怎麼不換一家公司呢？
□你那個同學實在很三姑六婆，能不能少跟他來往？
□我也是男生我知道男生的想法。
□少吃點，你已經夠胖了。
□少抽點菸，你的咳嗽越來越嚴重了。
□這個食物膽固醇太高了，對你的健康不好。

上面這些話語聽過或說過嗎？如果有的話，可以從這些「管人理由」進一步了解背後暗藏的心理，以及如何調節「平等尊重」的親密關係。

「眞搞不懂，爲什麼男友那麼喜歡管我？」一群崇尚自由的雜誌圈朋友相聚聊天，穿著一向走前衛路線的小玲，突然以非常鬱卒的口氣吼出這句話。頓時，大家的目光都集中在她那張充滿困惑的臉上。其實，除了小玲以外，在座的每個人也都嘗過被管的滋味：小時候被父母師長管；長大了被老闆上司管；連結交情人都是心甘情願找個人來管自己。

不過，即使被管的人已經被管得快要窒息了，但是喜歡管別人的人卻沒有自覺，因爲他們認爲自己的出發點是關心而不是約束。每當被管的一方發出抗議之聲時，管人的一方通常也會理直氣壯地表示：「我是爲你好。」「我不管你，誰管你。」或是「如果你不是我的情人，我才懶得管你。」

容易產生糾正慾望的「管人理由」

綜合這些管人的藉口，或多或少都含有愛的成分，但若表現方式不當，就很容易激起接收者的反抗心理。

雖然管人的理由各有不同，但多半是因爲對方做了一些讓自己看不順眼的事情，才會產生糾正的慾望。究竟有哪些事情容易讓喜歡管人者看不順眼的呢？

■穿著打扮

一般來說，男性最在乎情人穿著打扮的地方是「露多少？」和「露哪裡？」如果情人的穿著太過性感，或是衣服的能見度太高，就會引發男性管人的慾望：「穿成這樣，是要去勾引誰，去換掉。」或是下達指令：「這些衣服全部丟掉。」

相反的，女性較少去管情人的穿著露多少？或露哪裡？她們關心的重點是「好不好看？」、「夠不夠時尚？」而爲了避免情人的穿著出狀況，最好情人能智慧地禮聘她來做服裝造型設計師，一切都交給她打點。

購買東西

當情侶的感情日漸濃密之後，總有機會一起上街購物，這時就難免會製造一些管與被管的糾紛。

「這件衣服又貴又不好看，你爲什麼不試試那件，價錢公道又很適合你。」

「你怎麼如此固執，這件衣服你穿起來眞的很難看。」

價錢高低和眼光不同，可說是逛街時最容易引爆口角的導火線，若想澆熄戰火，就要看雙方是否都有尊重對方的雅量。

休閒旅遊

有個朋友旅遊回來後，氣急敗壞地跟我敘說她被情人管束的笑話。由於她的男友是一個非常注重安全的人，所以旅途中，她的男友不停地提醒她：這個不能玩、那個不能玩。還有一次當她正忘情地站在懸崖邊欣賞美景時，男友竟然緊張地抽出腰間皮帶，要像拴狗一樣地將她拴住，以免她一失足成千古恨，弄得她玩興全消。

還有些以自我爲中心的人，凡是自己不感興趣的活動，都希望情人不要去玩，特別是那些容易和異性接觸的場所，像喝酒的地方、唱歌的地方，最好情人能夠自愛得一步都不踏進去。

言談舉止

「你不要笑得那麼誇張，好不好？」

「你看，人家模特兒走路的樣子多好看，你爲何不多跟她們學學？」

「拜託，你講點有水準的笑話好嗎？」

「連這種基本常識都沒有，你簡直笨得跟豬一樣。」

有時越是關係親密的伴侶，越會挑剔對方的一些「肢體動作」以及「遣辭用句」，不能容忍對方有任何小瑕疵，強烈渴求對方成爲自己心目中的完美情人，若對方不符合，就會進一步要求對方照著自己的意思做，久而久之，就會傷害對方自尊。

回家時間

有些人是基於安全的考量，有些人是因爲不放心情人的忠誠度，所以會嚴格限制對方的回家時間，一旦對方在該回家的時間還沒有回到家，就會馬上懷疑對方「是不是做了什麼對不起我的事？」

當愛管人的一方興起懷疑的念頭後，事後多半會又急又氣地質問對方：「你跑到哪裡去鬼混，爲什麼不準時回家？」或是質問：「你昨天去哪裡了？爲什麼我打電話給你沒有接？」而被管的一方通常也會不甘示弱地頂回去：「我爸媽都不管我，你管我那麼多。」

■工作事業

基於「你的就是我的」原理，不少伴侶都會忍不住給對方的事業一些建議，以求將來能夠有福同享。一般來說，這些良心的建議包括：

「你的老闆那麼摳，要是我是你，早就另覓高就了。」

「你的公司這麼爛，你怎麼不換一家公司呢？」

「你爲什麼不爭取那個職位呢？」

「你跟老闆走近一點，你現在這個位子實在坐太久了。」

雖然給建議的人是出於一片好意，但聽者可不一定心領，往往會覺得對方在「干涉自己的事業」，輕則吵架賭氣，重則可能因此分手。

■親朋好友

通常伴侶之間或多或少都會看對方的朋友或是親人有點不順眼，剛開始也許僅止於批評的階段，等兩人關係越來越親密後，就會希望情人能和他的朋友保持距離，才不會被帶壞。

「你那些哥兒們眞的很沒有水準，你最好離他遠一點。」

「你那個同學實在很三姑六婆，能不能少跟他來往？」

結果兩個人的戰火就這麼延燒開來，變成兩票朋友的戰爭，或是兩個家族的內戰。

異性緣太好

很多人抱持「異性間沒有純友誼」的想法，認爲異性對情人那麼好，多少都有目的性，尤其是男性常常會說：「我也是男生我知道男生的想法」，自然會理直氣壯限制情人跟異性說話、聯絡、互動。

身材健康

在這個項目上，男性和女性管不同的方向，男性喜歡管女性的身材好壞，而女性則愛管男性的健康好壞。

有些注重身材的男生很愛提醒女生：「少吃點，你已經夠胖了。」「再吃下去，妳就跟神豬一樣了。」有些重視養生的女生則愛嘮叨男生：「少抽點菸，你的咳嗽越來越嚴重了。」「這個食物膽固醇太高了，對你的健康不好。」

邊吃飯邊控管情人的飲食狀況，不僅破壞用餐氣氛，更磨損感情厚度，同樣一句話如果可以用正向關心的說法，而不是用嫌棄批評的口吻，相信能讓情人更願意改變習慣。

愛管人的性格特質

相信有過被管經驗的人都很想知道，究竟什麼樣的人格特質愛管束伴侶？像朋友小玲自始至終都想不通，何以她每一任的男朋友都愛管她，是不是自己有什麼特殊的氣質，還是自己的言行舉止眞的不恰當，才會讓情人忍不住想要管她？

根據我的觀察，喜歡管人的另一半，通常都有下面的成長經驗或人格特質：

■受權威式教育的人

受權威式教育的人習慣以命令式的口氣跟別人溝通或交談，當然很容易給人留下愛管人的印象。

■沒有安全感的人

缺乏安全感的人通常會渴望掌握情人的行蹤，或要求情人鉅細靡遺地跟自己報告行程，或期待情人可以跟自己共享行事曆，或是希望情人可以開手機定位，讓自己隨時都能知道情人在哪裡，透過「確認伴侶行蹤」來減緩內心的不安。

如果情人覺得隱私權被侵犯，缺乏安全感的人就會認爲對方有什麼事情隱瞞自己，會更不信任對方。

■疑心病重的人

疑心病重的人多半很會幻想，即使是從來沒有發生過的事，他們也會想像得跟眞的一樣，接著便猜疑對方「一定有做什麼對不起我的事」，而當內心承受了過大的壓力時，就會想藉著管人的手段控制對方，進而降低內在的焦慮感。

■佔有慾強的人

「佔有」或「控制」都屬於「被汙染」的愛情習慣，一方面害怕控制不了對方，另一方面害怕失去對方，在焦慮不安的驅使下，發展出各種控制的行爲。

佔有慾強的人很容易產生敵意，燃起嫉妒心，超過正常的範圍，舉例來說，如果買東西時碰到的店員是異性，他寧可換一間店買，以免將來情人常常來跟這個店員買東西，不小心擦出愛的火花。

也因此，佔有慾強的人多半也擁有豐富的想像力，看到情人跟別人有說有笑，就會擔心：「再這樣下去，情人就要離開自己，一定要趁早阻止。」而且他們對於自己的想像深信不疑，無論情人如何解釋，他們都不相信。

在內心深處，佔有慾強的人常常會把情人當成自己的私有財產，產生「你是我的」的念頭，由於害怕別人會搶走他心愛的東西，只好將情人鎖在自己設立的保險箱裡面，他才能安心地睡覺。

■過度依賴的人

過度依賴型的伴侶分成兩種，一種是凡事都需要另一半決定的人，小從生活瑣事：「穿什麼衣服？買什麼水果？」大到買房投資：「錢該花在哪些地方？」不管事情的輕重緩急，皆會主動詢問請示對方的意見，否則就不放心，對自己做的決定毫無信心。

另一種是凡事都要完全掌控的人，規定情人無論做任何事情都必須經過他的同意，包括該穿什麼衣服、該跟誰說話，試圖藉著苛求及強迫情人服從的做法，來掩飾內心的依賴需求。

如何避免被情人管得動彈不得？

碰到試圖管束自己的情人，偏偏你又無法離開，該如何應對比較好？

(1)主動跟情人報告行蹤：這個做法雖然有點煩人，不過，爲了謀求和平與寧靜，務必耐著性子，努力做到不厭其煩說明的境界。

(2)避免露出「跟別人相處更快樂」的樣子：只有在兩人世界裡你才能展現歡顏，因為他是你的太陽，唯有在陽光的照耀下，你才有活力，如果跟別人在一起時露出太過快樂的表情，他立刻就會想要把你收進安全的地方。雖然這個方法能夠讓情人安心一點，可是，自己也可能會陷入孤立中，跟情人相處越久就越沒有朋友。

(3)引發他的同理心：當你的忍耐已經到達頂點時，不妨引發他的同理心，讓他也體會被人管束、報告行蹤的感受。

(4)讓伴侶對自己的魅力有信心：當伴侶相信自己擁有吸引人的魅力，不是別人可以取代的，才能眞正解除管人的慾望。

測驗

你的「管人指數」有多高？

看完「從管人理由看佔有欲強弱」後，如果想知道自己「管人指數」有多高，可以提起筆來，做做下面的測驗。

※測驗開始：

日常生活中，是否經常有下面這些感覺和想法呢？請根據真實感覺做答。

1. 每當面對人生抉擇，都會請別人幫忙決定？

是☐　不是☐

2. 經常和支持自己的親朋好友唱反調？

是☐　不是☐

3. 當自己提出意見或想法時，非常需要周遭人的認同與贊同，不然就會做出令對方難堪的事情？

是☐　不是☐

4. 自己喜歡孤軍奮鬥，不愛接受別人的幫忙？

是☐　不是☐

5. 落單時，就會覺得渾身不自在？

是☐　不是☐

6. 一旦失戀，就會想盡辦法在最短的時間內投入另一段感情？

是☐　不是☐

7. 時常會莫名的擔心害怕，萬一沒人照顧自己，該怎麼辦？

是☐　不是☐

※結果分析：

答案中如果有五個以上的「是」，就代表你的內心深處非常恐懼被情人遺棄，害怕一個人孤苦伶仃的生活，為了克服分離的焦慮感，你會渴望得到情人保證和讚美，並且緊抓著情人不放，甚至想要藉助各種方法控制情人。

與其掌控情人，不如掌控自己，學習自我決定、自我接納、自我欣賞，只有擁有健全的自我意識，才能建立愉快輕鬆的親密關係。

喜歡吃醋的情人

□我那麼愛你，你怎麼可以騙我？
□我怎麼會如此傻？
□對方哪點比我好？
□我只是希望有人可以愛我，有什麼錯？
□我好可憐，都沒有人愛我。
□怎麼辦，別人知道這件事情，會不會嘲笑我？
□我就是不如人家漂亮有成就。
□不要亂放電。

上面這些話語聽過或說過嗎？如果有的話，就代表內心裡可能暗藏滿滿的醋意。

親密關係中，最甜蜜的地方就是彼此依賴的感覺，偏偏「依賴感」也會帶來「恐懼感」，越依賴對方就越害怕失去對方，爲了讓自己有安全感，便會想盡辦法佔有對方。而被佔有的一方，自然會覺得渾身不舒服。

也因此，當感情進展到某個階段，大部分的情侶都會面臨對方或自己愛吃醋的議題，只是每個人的吃法不同罷了。

一個熱愛自由的朋友，經過多年的考慮、掙扎，終於下定決心嫁給「各方面條件都很優秀」的男友。王子公主好不容易步入禮堂，周遭人也很關心小倆口：「是否過著幸福美滿的生活？」

個性向來坦率的朋友也很老實分享，婚姻生活還算甜蜜，唯一的麻煩是，這個「客觀條件」讓別的女生羡慕的老公，非常、非常地愛吃醋，禁止她跟任何異性朋友吃飯聊天。

「眞的很慘，我以前結交的朋友幾乎都是男生。」朋友露出愁眉苦臉的表情。

「那你不就要斷絕所有的異性朋友關係？」我接著詢問。

「沒辦法，爲了保住『婚姻關係』，只有忍痛斷絕『朋友關係』。」朋友無奈地撇撇嘴。「你不曉得，有一段時間，我無聊到快得憂鬱症，最後只好找婚姻諮商專家求救。」

眞的很難想像，原本樂觀開朗的朋友情緒低落的樣子。

看我露出擔心的眼神，朋友竟然大笑起來：「哈哈，沒想到一個星期一次的諮商時間，變成我最快樂的時光。」

「那位婚姻諮商專家很會轉換你的情緒嗎？」我好奇的問。

「不是，因爲只有這個時間，我才可以放心大膽地跟『異性』聊天，不會被老公干預。」說完之後，朋友還自我安慰：「就當是喝杯享受自由時光的下午茶。」原來心理諮商還有這樣的功效，我和朋友相視而笑。

吃醋背後的情緒

事實上，大部分人談戀愛的時候，多少都有過吃醋嫉妒的經驗，只是程度輕重之別罷了，不過，如果嫉妒心太過強烈，就要注意是否會影響感情發展。一般吃醋者的普遍反應和情緒有下面幾種情形：

(1)恨意：「我那麼愛你，你怎麼可以騙我？」
(2)自責：「我怎麼會如此傻？」
(3)比較：「對方哪點比我好？」
(4)丟臉：「怎麼辦，別人知道這件事情，會不會嘲笑我？」
(5)自憐：「我好可憐，都沒有人愛我。」
(6)羨慕：「我就是不如人家漂亮有成就。」

吃醋會採取的行為

像我認識一個朋友不准他的女友穿著任何涼快的衣服，連夏天露個手臂，都會被他念到換掉衣服。

另一個朋友的做法更絕，爲了預防女友跟其他不相干的異性說話，他寧可放下自己手邊的工作，當隻黏人的跟屁蟲，女友走到哪裡跟到哪裡，可惜最後還是跟丟了。

還有一個常見的吃醋行爲是，嚴格執行門禁措施，規定伴侶幾點以前要回家，情人跟朋友約會，九點一到電話就準時響起：「要不要我去接你？」或是強調：「現在治安不好，不要聊太久。」

伴侶走在路上看別人一眼，馬上就被警告：「不要亂放電。」

也有些人不會直接表達他的醋意，而是間接表達他的不滿，但無論對方是用什麼方式表達醋意，都必須把它當成一件「重要的事」來處理，不要覺得對方是在無理取鬧。

吃醋的基本心理

吃醋的基本心理有下面幾種不同的狀態：

(1)害怕失去對方，隨時擔心會被情人拋棄，爲了避免悲劇發生，只好拼命糾正管束對方的言行舉止。

(2)對自己沒有信心，對關係缺乏安全感，在交往的過程中，總是恐懼情人會被別人搶走，爲消除焦慮，確保安全，乾脆斷絕情人所有的對外關係。

(3)「佔有慾」強，加上「依賴心」重的人，多半都是大醋桶，只允許自己擁有情人的愛意和關注，其他人通通別想瓜分。

(4)有研究指出，自覺不如兄弟或姊妹聰明漂亮的人，在親密關係中，也比較容易產生醋意。

(5)曾經有過背叛經驗的人，像是小時候被父母遺棄，或者成長過程中父母有一方對感情不忠誠，都可能會導致對人性的信任感破產，進而引發對別人的敵意和對情人的醋意。

(6)內心充滿恐懼無助的人，器量會變得特別狹小，一點蛛絲馬跡，皆會令他們飽受威脅，激起強烈醋勁。

當你察覺情人說話總是酸溜溜的，約會時老是在「糾正自己的言行」，就表示對方可能正在吃醋。這個時候，不妨在心裡問問自己：

□最近是不是太過忙碌，以至於冷落他了？
□有沒有忽略他的感受，讓他覺得自己不夠重要？
□是否表現得太過獨立自主，一副不需要他的樣子？
□異性緣或同性緣會不會好到讓他沒有安全感？
□有沒有表現出跟別人相處更加快樂的樣子？

假如答案大多是「YES」，不妨以實際的行動告訴伴侶：「放心，我很愛你。」常常對伴侶做「愛的保證」，看看是否可以減少情人內在的恐懼不安。也可以深入了解伴侶恐懼不安的來源？再試試看做什麼伴侶會減少吃醋。如果做了以上的努力，情人仍然醋意濃烈，可能就需要心理專業人員協助，評量一下情人是否爲「邊緣性人格」，是的話，就要透過專業心理諮商才能調整吃醋的心理及行爲。

換個說法：將「吃醋質問」換成「我訊息溝通」

回想一下，伴侶有哪些行爲會讓自己失去理智，立即打翻醋罈子？

找出情緒「引燃點」的目的，不是爲了糾正指責伴侶，而是告知對方自己的感受。這個時候，可以使用「我訊息」的表達方式，讓對方明白：「當我看到你跟別人有說有笑，我就覺得心跳加快，彷彿你要被對方搶走一樣。」

情人之間多用「我訊息」溝通，會讓聆聽的人重心放在「說話者的身上」，譬如說：「我覺得很著急。」或「我感到很難過。」對方自然會想要知道「發生了什麼事情」，進而專心傾聽。

相反的，如果選擇用「你訊息」開場，會讓對方把力氣放在「自我防衛」，而非「聆聽事情」，舉個例子來說，打電話找不到情人，難免會焦急，這個時候，若不分青紅皀白就用「你訊息」詢問：「你跑那裡去了，爲什麼都不接電話？」通常會讓對方不自覺的採取防衛姿態，開始思考要怎麼保護自身安全。

假如換成「我訊息」詢問：「我打了好多電話給你，都沒找到你，心裡覺得很擔心。」

對方聽起來的感受是否完全不同，多了「關心」少了「責備」，會讓對方比較願意解釋當天的行程與狀況。

同時也可坦白自己的弱點：「我知道自己小心眼，但我就是受不了你跟別人有說有笑。」

這麼說的優點是，讓伴侶理解自己的感受，而不會認爲你在無理取鬧。談戀愛畢竟感性浪漫的成分大於理性思考，動之以情，還是會比說之以理，更能軟化伴侶的心。

如何克服強烈的嫉妒心理及情緒

倘若深爲「嫉妒心理」所苦，克服強烈嫉妒傾向的策略包括下面四個步驟：

第一步，常常嫉妒吃醋的一方，具體列出「對方引發自己醋意的行爲是什麼」，如伴侶跟別人聊天有說有笑等。而另一方則寫下「對方做出那些嫉妒行爲會令自己感到煩躁」，如對方奪命連環扣，或檢查手機等等。

第二步，接著嫉妒的一方寫上「因爲自己吃醋而起的需求」，例如覺得不安、焦慮，需要確認行蹤。另一側則寫下「被對方嫉妒行爲困擾而起的需求」，像是需要被信賴的感覺等等。

第三步，各自寫下「希望對方做那些事情來滿足自己的需要」，例如不要密集打電話。

第四步，雙方將需求和願望按照重要性排序，最後彼此交換「需求願望的清單」，再依實施的困難程度排序。

由於「嫉妒」的根源來自「不安全感」、「自尊心」、「比較心理」，所以想要眞正改變嫉妒心態，還是要從建立自我安全感，提高自我價值感，才能眞正信賴伴侶，否則只是壓抑、隱藏嫉妒的情緒，讓自己的內心更加焦慮，總有一天心理能量會被熊熊燃燒的妒火燃燒殆盡。

測驗

你的「嫉妒指數」有多高？

心理學家從真實案例中歸納出一些情境，可以精確預估一個人的嫉妒反應，不妨提起筆來做做看，評量自己的「嫉妒指數」有多高。

在以下的情境中，自己感受到多強的妒意？是極強？適中？或沒有妒意？

※在社交場合裡，情人到處展現魅力，大部份時間都跟別人親密互動，行為也表現得很親密。

□極強妒意　□適中　□沒有妒意

※在社交場合裡，情人大部份時間都在和別人互動、跳舞。

□極強妒意　□適中　□沒有妒意

※在社交場合裡，情人大部份時間都在和別人交談。

□極強妒意　□適中　□沒有妒意

※在社交場合裡，情人突然消失了好長一段時間。

□極強妒意　□適中　□沒有妒意

※在社交場合裡，突然發現情人不曉得跑到那裡去了。

□極強妒意　□適中　□沒有妒意

※電話鈴響，情人接到不是說：「抱歉，撥錯號碼。」就是立刻掛斷電話。

□極強妒意　□適中　□沒有妒意

※打電話給情人時，電話老是佔線。

□極強妒意　□適中　□沒有妒意

除了評估自己的「嫉妒程度」，也不妨想像一下自己會有什麼反應？然後寫下來。

以下是常見的妒意刺激情境，問問自己，碰到這類狀況，會嫉妒吃醋嗎？

※另一半還有一個情人。

□極強妒意　□適中　□沒有妒意

※另一半和一個單身朋友往來互動密切。

□極強妒意　□適中　□沒有妒意

※另一半有知心的異性朋友。

□極強妒意　□適中　□沒有妒意

※另一半正和異性的單身朋友交往中。

□極強妒意　□適中　□沒有妒意

※另一半很欣賞一位剛認識的異性朋友。

□極強妒意　□適中　□沒有妒意

※另一半常常覺得擦身而過的陌生人很吸引人。

□極強妒意　□適中　□沒有妒意

※另一半對影視明星很仰慕。

□極強妒意　□適中　□沒有妒意

問問自己，碰到以下的情境，會嫉妒吃醋嗎？

※另一半宣稱他愛上了別人，而且想要離開你。

□極強妒意　□適中　□沒有妒意

※另一半長期以來有外遇。

□極強妒意　□適中　□沒有妒意

※另一半雖然有外遇劈腿，卻保證只是逢場作戲，不會影響感情。

□極強妒意　□適中　□沒有妒意

※另一半非但不排斥外遇，還常常有豔遇。

□極強妒意　□適中　□沒有妒意

※另一半最近常有一夜情。

□極強妒意　□適中　□沒有妒意

※多年前另一半和別人有一段情，而當時你們已經在一起了。

□極強妒意　□適中　□沒有妒意

※多年前另一半和別人有一段情，但當時你們還沒在一起。

□極強妒意　□適中　□沒有妒意

※多年前另一半和別人有一段情，而當時你們已經在一起了，不過那個第三者現在已經過世了。

□極強妒意　□適中　□沒有妒意

※多年前另一半和別人有一段情，但當時你們還沒在一起，不過那個第三者現在已經過世了。

□極強妒意　□適中　□沒有妒意

上面這些情境的「嫉妒程度」都一樣嗎？還是會有些不同？同時想像一下自己在這些狀況下會有什麼反應？然後寫下來。

問問自己，以下的情境，會讓自己產生多大的妒意？是極強？適中？或全無？

※**發現另一半外遇劈腿，偏偏對方不知道要遮掩，讓戀情突然在一場宴會裡爆開了，大家都曉得你是受害者，也在看你如何反應。**

□極強妒意　□適中　□沒有妒意

※**發現另一半外遇劈腿，而且他不知道要遮掩，讓戀情突然在一場宴會裡爆開了，眾人都曉得你是受害者，而你是單獨赴會的。**

□極強妒意　□適中　□沒有妒意

※**發現另一半外遇劈腿，而且除了你以外，每個人早就知道此事，卻從沒有人告訴過你。**

□極強妒意　□適中　□沒有妒意

※**發現另一半外遇劈腿，而這件事只有你和少數信任的好友知道。**

□極強妒意　□適中　□沒有妒意

※**發現另一半外遇劈腿，而他守口如瓶，只有你們三個當事人知道，外遇伴侶和第三者也曉得你知情。**

□極強妒意　□適中　□沒有妒意

※**發現另一半外遇劈腿，而他守口如瓶，別人都不曉得，而外遇伴侶和第三者也不曉得你知情。**

□極強妒意　□適中　□沒有妒意

■**自我檢測：**

做完上面的「情境測驗」後，排列一下，哪種情境最不能忍受？自己的感受是什麼？在意的是什麼？

下面那些人最能引發自己的妒意？

□既不認識也瞧不起的人。

□既不認識也沒聽過的人。

□雖不認識但卻很尊敬的人。

□認識但不信任的人。

□認識且覺得和自己很類似的人。

□認識且信任的朋友。

□親戚。

□好友兼知己。

□認識且羨慕的人。

■自我檢測：

做完之後，接著思考一下，上面這些人是否有什麼特質會引發自己嫉妒的感受？下面這些提問，可以更清楚自己和伴侶的關係。

※另一半曾經對自己不忠嗎？

有□　沒有□

※期望這段感情維持多久？

長久□　結束□

※相信一妻一夫制嗎？

相信□　不相信□

※自己曾經對另一半不忠嗎？

有□　沒有□

※曾經幻想過和伴侶以外的人發生關係嗎？

有□　沒有□

■自我檢測：

在下列各階段中，自己的妒意有多強？

※**小時候**。

□極強妒意　□適中　□沒有妒意

※**青春期**。

□極強妒意　□適中　□沒有妒意

※**青年時期**。

□極強妒意　□適中　□沒有妒意

※**成年時期**。

□極強妒意　□適中　□沒有妒意

■**結果分析：**

知名的心理學大師佛洛伊德認為，「嫉妒」是幼年時期和父母、兄弟姐妹間，負向的相處經驗發展而來的，例如，與父母糾結的戀父、戀母情結，還有和兄弟姐妹爭寵的負向經驗，都會造成「高嫉妒的特性」。

此外也有心理學家表示，兄弟姐妹間過度競爭，加上父母沒有給子女真正的愛心和關懷，都會讓孩子長期處於焦慮的情緒中，而為了對抗焦慮，便發展出許多「人格特質」，其中「嫉妒」即是一個重要的特質。

研究發現，大多數人在青春期會經歷到一生中最令人嫉妒的事情，也比較容易害怕失去所愛的人。童年時期嫉妒心較強的人，成年後也比較會嫉妒，因為嫉妒傾向與「不安全感」和「自尊心」息息相關。

嫉妒可說是人類天生的本能，經過漫長的演化過程，男性和女性表現嫉妒吃醋的方式也截然不同，譬如說，女性嫉妒吃醋的反應通常是哭泣、惱怒、悲傷；男性嫉妒吃醋的反應則多半是惡言相向、發洩怒氣。

通常產生嫉妒心理後的行為分為四類：孤立、敵對、再定義、解決。男性傾向採取保護自己、維護自尊的行動；女性則傾向盡力維繫這段感情。也因此，男性吃起醋來往往威力驚人，充滿暴力色彩。

有些時候情人間也會刻意引發另一半嫉妒吃醋的情緒，有的人是想要得到特別的報酬，利用對方的不安心理，激勵情人對自己更好；有的人是想測試感情的強度，對方越會吃醋表示越愛自己；有的人是對另一半的不忠加以報復，讓對方嘗嘗吃醋的滋味；有的人想藉此強化自尊，證明自己的重要性；有的人則是要懲罰情人，若不乖乖聽話就讓對方嫉妒痛苦。

做完這個「嫉妒指數自我探索」的測驗後，是否對自己的吃醋行為，以及嫉妒的情緒有更深一層的了解，進而有助於消除焦慮不安的情緒。

從分手理由聽出人格特質

- □希望我們能夠好聚好散。
- □就算分手，我們仍然可以當朋友。
- □你太好了，我配不上你。
- □你條件很好，一定可以找到比我更好的對象。
- □這一切都是命，我們注定今生無緣。
- □這輩子我欠你的，我下輩子再還你。
- □等我們更成熟一點再來談戀愛，反而對感情發展比較好。
- □我們現在會爭吵不斷，就是相處時間太多，才會有這麼多的摩擦，不如分開一段時間，彼此沉澱後再決定未來。
- □我太年輕了，還不想定下來。
- □分開是最好的選擇，不然雙方都痛苦。
- □跟你相處真的壓力很大。

□你不會改變的，我給過你很多機會了。
□算了，我不想再為你改變了，還是分手好了。
□我受夠了，我不想再忍耐。
□誰跟你在一起誰倒楣。
□跟你交往真的是浪費我的時間。
□我們有在一起過嗎？
□你看你現在這個樣子，我怎麼可能還會愛你。
□對不起，我愛上別人了。
□你以後一定嫁不出去。

上面這些分手理由，你聽過或說過嗎？從一個人選擇的分手理由，不但可以看出其愛情觀，更能了解其潛藏的人格特質。

感情諮商的過程中，我聽過各式各樣的分手理由，但無論是多有同理心的分手說法，只要對方不願意分手，都很難接受，最多只能降低一點衝擊和傷害。

一個從來不送情人花的男性朋友，卻在跟情人談判分手，結束感情之後，買了生平第一束玫瑰花，希望雙方能夠有個美好的結局。我好奇的問他：「何以會選擇這個時候送花，不怕對方會升高期待嗎？」朋友的理由是：「我希望大家能夠好聚好散。」

朋友的答案給了我一個啟示，從一個人選擇的分手理由與方式，不但可以看出其愛情觀，更能了解其潛藏的個性，朋友即使面對分手都不想當「壞人」，仍然不願破壞彼此關係。

歸納多年諮商聽過的分手理由，我歸納出不同的性格特質，可以更進一步了解對方在面對感情壓力時的眞實樣貌。

怕看到對方生氣或難過的表情

害怕對方生氣或難過的人，分手的時候會不斷跟情人強調：「我還是很關心你，只是不像以前那樣常常見面。」甚至會承諾對方：「你有任何需要，都可以打電話告訴我。」

怕對方生氣或難過的人，非常容易產生罪惡感，希望能以感性的訴求，來降低對方的情緒傷害。也因此，他們會把心思都放在安撫對方，而不清楚說明自己的立場，以致會給對方錯誤的期待，以為還有復合的機會，常會造成「高喊價、低成交」的狀態，嘴巴一直提分手，可是結果卻分不了。

諮商過程中，很怕對方生氣或難過的人，會不斷詢問心理師：「怎麼說比較好？」「這樣說會不會刺激到對方？」有時候爲了降低自己內心的罪惡感，分手的時候他們也會想用金錢或物質彌補對方，或是祈禱祝福對方「找到比自己更好的對象」。

擔心對情人不公平

交往的時候會強調「公平性」，分手時會站在對方的角度分析感情的利弊得失：「你對我這麼好，再這樣下去對你太不公平了。」或是眞誠的懺悔：「你太好了，我配不上你。」甚至是誠實表示：「我不能欺騙你，我眞的不像你那麼愛我。」

表面上，他們很替對方著想，但實際上卻忽略情人的感受和意願，因爲「公平」往往是主觀的感受，很難具體量化，所以常會讓對方覺得：「我都不計較了，你還計較公不公平、適不適配。」

根據我的觀察，一般會在意「公不公平」，並且要求「彼此的付出和獲得都要成正比」的人，多半很怕別人對自己「不公平」，經營感情也會注意「投資報酬率」，不喜歡「單方面付出」的感覺。

將感情失敗歸因於命運

抱持宿命觀點的人，分手時習慣將感情破裂的原因歸咎於：「這一切都是命，我們注定今生無緣。」或是「這輩子我欠你的，下輩子再還給你。」

著名心理學家楊國樞，曾經長時間研究「緣分對人際關係的影響」，結果發現，如果自己跟情人的關係是痛苦而失敗的，就會將感情失敗歸因於「彼此無緣」或「壞的緣分」，而不是責備自己的「性格不好」或「行為失當」。這樣「向外歸因」既不必過分責備自己，也不必責怪情人；既能達到「自我防衛」的功能，也不用努力「自我修正」。

相反的，倘若將分手原因歸到自己身上，「向內歸因」則會引起自責、焦慮、羞恥、憤怒或無能的感覺，反覆思索「自己做錯了什麼」，或是回想「情人對自己有多不好」，便會深陷沮喪的情緒中而不可自拔。

雖然分手時「無緣」的解釋可以保護心靈，不過也很容易產生「合理化作用」，將感情不順都推給「緣分」，自己似乎完全不用負責，亦無需找出原因，久而久之很可能會產生愛情的盲點。

好言勸說理性分手

好言勸說型的人，分手時會提出各種理由來規勸情人：「我太年輕了，還不想定下來。」

或是安慰對方：「就算分手，我們仍然可以當朋友。」

或是給對方希望：「等我們更成熟一點再來談戀愛，反而對感情發展比較好。」

或是爲現在困境找出路：「我們現在會爭吵不斷，就是相處時間太多，才會有這麼多的摩擦，不如分開一段時間，彼此沉澱後再決定未來。」

或是肯定對方的優點：「你條件很好，可以找到更好的。」

每個理由聽起來都很有道理，屬於「理性型」的情人，要是雙方都很理性，即可達成共識；反之，要是碰到「感性型」的情人，就會覺得好言勸說型的人太沒血沒淚，怎麼能夠把分手說的如此輕鬆。

逃避失蹤人間蒸發

逃避型的人，分手時彷彿從人間蒸發，非但避不見面，甚至毫無預警，一句話都沒有交代就消失得無影無蹤。即使情人費盡千辛萬苦，好不容易找到他的蹤跡，焦急的質問他：「爲什麼不打電話給我？」逃避型的人依然會不發一語，完全不想多作解釋。

我認識一個女性朋友就曾遇過逃避型的情人，雙方已經論及婚嫁，連結婚照都拍好了，不料有天情人突然失去聯絡，家人也不知道他去那裡了。從剛開始擔心他的安危，害怕他發生什麼意外，慢慢的陷入極度的焦慮中，想不通他爲何要如此殘忍，再掉入痛苦的深淵裡，沉溺於過去的交往時光，很長一段時間都不敢再談戀愛，無法相信愛情是眞實的。

一般而言，逃避型的情人比較不負責任，承受壓力的能力也較弱，當感情碰到瓶頸，或有衝突的時候，他們就會迴避溝通，什麼話都不想說。儘管他們選擇逃避，但研究顯示，分手之後，逃避型的人反而會湧現大量的沮喪情緒，其實心裡並不好過。

都是你不好、都是你的錯

「都是你不好型」的情人，分手時會把「自己不快樂」，或是「感情不能繼續」的責任推到情人身上，然後做出結論：「我想，分開是最好的選擇，不然雙方都痛苦。」

有些人則是生氣的控訴對方：「跟你相處眞的壓力很大。」

有些人是失望的指責對方：「算了，我不想再爲你改變了，還是分手好了。」或是「你不會改變的，我給過你很多機會。」

有些人是發飆怒吼：「我受夠了，我不想再忍耐。」

有些伴侶聽了他們的分手說詞，就會承擔起「分手責任」，試圖「改變自己」以符合他們的期待，可是不管怎麼努力修正，「都是你不好型」的情人會讓對方覺得：「問題解決不了，關係只會越拖越糟。」事實上，分手本來就不是單方面的責任，自然再委屈也無法延續感情的熱度。

都是我不夠好、配不上你

相較於「都是你不好型」的情人，「都是我不夠好型」的情人好像比較有反省能力，不過，若聽到他們的說詞，想法可能就會不一樣了：「你太好了，我配不上你。」或是挫折的表示：「我無法回應你的好。」

很多人聽到這樣的分手理由，都會覺得很無言：「既然我這麼好，何以你不努力讓自己變好，反而想跟我分手。」

更讓人心痛的說詞是：「我對你已經沒有感覺了，我們還是分手吧！」或是誠心的說：「跟我在一起，你不會幸福的，趁早離開吧！」

面對感情挫折，他們只想結束關係，卻不思解決之道，有時候還蠻令人感到無奈的。

讓情人討厭自己主動提分手

有些人想要分手的時候，會把「分手的主控權」交給對方，他們多半不會花時間精力安撫情人，而是盡可能激發情人的情緒，以加速分手。舉例來說，他們會先惹對方生氣，接著再問對方：「你很生氣，對不對？」如果對方回答「是」的話，正合他們的意，他們就會立刻表示：「既然你這麼不高興，我們分手算了。」讓對方啞口無言。

有些人則是利用對方的罪惡感，表現出一副「了無生趣」的模樣，讓對方於心不忍，主動提出分手。

缺乏同理心殘忍的分手說詞

有些人爲了達到快速分手的目的，什麼傷人的語言都說得出口。我曾經聽過的分手理由，依據「殘忍指數」從三十分到一百二十分，可以整理出下面幾句：

「殘忍指數」30分：「跟你交往真的浪費我的時間。」

用這個理由分手的人，通常是目標導向，很重視時間效率，害怕別人浪費自己的青春，當結果不是他們想要的，就會想要立刻分手，不僅忽略交往過程的美好，也否定情人的價值，聽到曾經投入感情的人說出這樣的話，無論心理肌力再強大的人還是會被傷到。

「殘忍指數」60分：「誰跟你在一起誰倒楣。」

用這個理由分手的人，具有極度批評的個性，連分手都要用如此嚴厲的措辭責備對方，可想而知，跟他們在一起的時候，自尊會受到多大的傷害。

「殘忍指數」80分：「我們有在一起過嗎？」

用這個理由分手的人，善於逃避壓力，很會撇清關係、切斷連結，這句話會讓對方「完全沒有存在感」，分手之後情緒很容易陷入「感情不曾存在」的恐慌中，會開始懷疑自己的判斷力，也會引發大量的憤怒，不知道如何爲自己安頓身心。

「殘忍指數」100分：「對不起，我愛上別人了。」

用這個理由分手的人，非常沒有同理心，先背叛劈腿又立刻拋棄前任，很多人聽到這句話，都會當下情緒崩潰失控，做出非理性的行爲。這個時候，他們又會再度補上一槍：「你看你現在這個樣子，我怎麼可能還會愛你。」讓對方遭受二度傷害。

「殘忍指數」120分：「你以後一定嫁不出去。」

分手的時候，還要「妄下斷言」，既預言又詛咒對方的感情運勢，這句話很容易像枷鎖一樣，綑綁一個人的心靈，讓人離開一段不堪的感情後，依然無法放心的談下一段感情。

很多當事人都曾經跟我說過，情人現在跟自己的分手方式，就跟前任的分手方式一模一樣，早知道他會這樣對我，當初就不該跟他交往，現在也不用受苦了。

從對方採取的「分手理由」，可以看出他如何面對人際壓力，有沒有處理衝突的能力，可不可以誠實對待自己及情人，還有感情的成熟度高低，準確度很高。

因此，不妨自我檢查一下，自己會選擇上面那種分手理由，情人曾經用哪種方式跟前任分手，相信對長期經營感情會有很大的幫助。

測驗

從聊天測量跟情人的「心靈契合程度」有多高？

愛情彷彿一座人性的魔法森林，很多人一走進森林，開始為情人付出之後，就好似被施了魔法般，渴望眼前擁有一座水晶球，隨時隨地可以知道：「對方是不是這個世界上最適合自己的人？」「對方現在做什麼，有沒有背著自己，做出背叛自己的事情？」

當心中產生困惑，往往會不由自主地出現各種「偵測行為」，希望能夠消除心中疑慮，譬如會用各種方法測試情人，究竟有多愛自己？或是用各種管道證明，自己對情人的重要性有多高？在追尋答案的過程中，不只苦了自己，更傷了感情。

下面這個量表，可以測出你和情人的「心靈契合程度」有多高？

※測驗開始：

請根據自己的真實感覺作答。

1. 除了跟情人聊生活中發生的大小事情外，也會跟情人說出真實感覺？

是☐　否☐

2. 相處的時候，是否會覺得情人很了解自己的想法和感受？

是☐　否☐

3. 是否會和情人經常互相傾訴心事？

是☐　否☐

4. 聊天的時候，是否可以和情人暢所欲言，不會有所顧忌？

是☐　否☐

5. 發生爭吵的時候，自己和情人是否有良好的溝通管道？

是☐　否☐

6. 爭吵過後，是否會跟情人討論可能的原因？

是☐　否☐

7. 跟情人從認識到現在，是否雙方都很少抱怨彼此？

是☐　否☐

8. 和情人相處的時候，是否感覺輕鬆自在？

是☐　否☐

9. 是否常常會跟情人分享自己的興趣、喜好？

是☐　否☐

10. 是否樂於跟情人分享你的人生和財物？

是□　否□

11. 當你需要情人的時候，情人是否會及時出現在自己身邊？

是□　否□

12. 碰到困難的時候，你是否會第一時間選擇告訴情人？

是□　否□

13. 萬一發生變故，你是否願意幫助情人度過難關？

是□　否□

14. 是否能夠從情人那裡得到足夠的精神支持？

是□　否□

※結果分析：

計分方式：回答「是」者得一分，回答「否」者得零分

★**12分以上：「心靈契合程度」屬於「最契合」**

在這個量表中，1～4題測量你們雙方的「了解程度」，5～8題測量你們兩人的「溝通品質」，9～10題測量你們彼此的「分享程度」，11～14題測量你們的「支持

力量」。

所以，可以得到12分以上，代表你和情人無論在「了解」、「溝通」、「分享」和「支持」這四方面都非常的契合，是很難得的組合，要好好把握這段感情。

愛情小叮嚀：不過，一段感情要開花結果，除了你們兩個人的感情契合之外，別忘了也要和雙方的家人，還有朋友合得來。不妨抽空安排一些家庭聚會，或是朋友之間的交流活動，自然而然地打入彼此的生活圈中。有了家人朋友的祝福，愛情的果實才會更加甜美。如果有意共組家庭，記得找個時間，一起聊聊兩個人未來的計劃和目標，當雙方有了相同的目標，自然就會團結一心，攜手共創幸福的未來。

★11～3分：「心靈契合程度」屬於「中量級」

在這個量表中，1～4題測量你們雙方的「了解程度」，5～8題測量你們兩人的「溝通品質」，9～10題測量你們彼此的「分享程度」，11～14題測量你們的「支持力量」。

可以對照一下，自己跟情人哪個部分的得分比較高，哪個部分的得分比較低，有助於做一下「愛情的健康檢查」。

如果是一到八題得分比較高，你和情人的契合程度，就像「知心朋友」一樣，你們會互相傾訴心事，彼此溝通觀念，非常聊得來。

愛情小叮嚀：對你們來說，互相了解並不困難，比較需要注意的是，交往的過程中除了聊天溝通，還要以實際行動表達心中的愛意。例如約對方一起出去旅行，或是做一些讓彼此感動的事情，或是給對方一個意外的驚喜，或是買個小禮物送給對方，總之多多製造快樂的回憶，可以讓愛情的「滿意度」升高。

如果想持續維持感情的「契合程度」，也可以和情人多分享自己心愛的物品、嗜好興趣，並且當情人有力的靠山，彼此分享、互相支持，自然能讓雙方的心靈更緊密的結合。

如果是九到十四題得分比較高，代表你跟情人的契合程度是屬於「有力靠山」，你不僅樂於和情人分享自己心愛的物品、嗜好興趣，也願意當對方有力的靠山。

愛情小叮嚀：雖然你很重視對方，但由於你不夠了解情人，以至於你給情人的愛意與支持，有些時候並不是對方眞正想要的。

所以「分享」最好從「了解」開始，當你了解情人的個性、喜好，還有觀念之後，自然就會知道，對方眞正在乎的、需要的東西是什麼。

想要了解情人，不妨從下面三個方向著手，首先是先了解自己：你想和情人發展什麼樣的關係？你希望和情人怎麼相處，感覺輕鬆愉快？

接著是了解情人：情人對愛情的期待是什麼？還有對方最在乎的事情是什麼？然後核對一下溝通頻道：雙方的目標和期待是否一致？當你們對這段感情有了相同的想法和共識之後，你和情人的契合程度自然會往上跳升。

★2分以下：「心靈契合程度」屬於「輕量級」

測量結果2分以下，代表你和情人無論在「了解」、「溝通」、「分享」和「支持」這四方面的契合程度都偏低，導致相處的過程中，你們常常有意見不合，或是常常發生衝突爭吵的狀況。

愛情小叮嚀：如果想繼續經營這段感情，就要想辦法建立溝通的管道，透過聊天交談，一方面可以拉近彼此的距離和差異，另一方面也可以分享彼此的感覺和觀念，有助於建立良好的親密關係。同時也可以重新探索自己的愛情觀念、相處方式、感情需求、溝通技巧，有沒有需要學習、調整的地方，爲愛情灌注滋養的力量。

PART 4

各種不同人格特質的說話方式

Observe people by speaking

會搶功的人

□這樣做對我有什麼好處？

□你能給我多少好處？

□我哪有搶你的功勞？這本來就是我想出來的。

□資料都是我在找的，其他人都不知道在做什麼。

□我為了這個案子加了多少班、跑了多少路、瘦了多少公斤。

□別人都嫉妒我的才華。

□你們知不知道我是誰，不知道的人就是有眼不識泰山。

上面這些話語聽過或說過嗎？如果有的話，就代表可能自己辛苦耕耘的成果會被對方搶走。

當自己和工作夥伴昏天暗地趕完一個重要的案子，正準備好好慶祝一下，卻在無意間發現，所有的功勞都被其中一個組員獨吞的時候，會有什麼反應？

一般人的反應都是，氣急敗壞地跑去找對方理論：「你怎麼可以搶走我們辛苦努力的成果？」

這個時候，對方可能會臉不紅、氣不喘地說：「我哪有搶你的功勞？這本來就是我想出來的。」

碰到會搶別人功勞的人，與其花力氣去跟他理論，不如花時間研究他們的人格特質，再找出健康的應對方式，才能避免自己的心理健康被耗損。

搶功的行為：人際互動重心放在向上管理。

記得多年前曾經在媒體工作過一段時間。每次有突發狀況，組裡的成員們就要發揮偵探精神，先各自四處打聽消息，再回來共商採訪方向。有次剛完成一個專題，大夥還沉浸在達成任務的喜悅中，便接到長官的召見通知。幾乎所有的人都以爲長官要誇讚我們表現不錯，並且期勉大家再接再厲。

不料，當我們一群人嘻嘻哈哈地進了長官辦公室，才發現事情和我們想像的不太一樣。長官板著臉，語調嚴肅地教訓我們：「你們不要每次都把收集資料、打聽消息的工作推給小虎一個人去做，既然是一個小組，大家就要分工合作，互相幫忙才對。」

聽完訓話，大夥先是一頭霧水，繼而情緒上來，明明每次都是大家一起收集資料、打聽消息的，怎麼會最後變成小虎一個人單獨完成的？後來我們才知道，小虎會隨時隨地代替所有的人跟長官報告最新狀況。時間一久，長官便誤以爲整件事情都是小虎一個人做的。倘若不想自己辛苦努力的汗馬功勞，莫名被別人搶走，最好和主管保持順暢的溝通管道，避免每次都派同一個人去跟主管報告進度，大家輪番上陣，比較能夠確保公平性。

搶功的動機：渴望獲得「重視」和「重用」

一般會搶功的人，多半極端在意自己的表現，渴望獲得握有大權者和資源者的「重視」和「重用」，才會刻意製造「完美印象」。

在企業當顧問的時候，曾經碰過一個非常求表現的同仁，他會事先詢問周遭人：關於某個案子，有沒有什麼想法和做法。這樣的作法原本無可厚非，但是他卻在開會的時候，搶先把別人告訴他的想法、作法、點子說成是自己的，反而讓跟他分享想法、作法、點子的人變得沒有內容可以報告，而被主管誤會沒有準備、沒有貢獻。

在團體中，搶功的人會不擇手段爭取「最高頭銜」與「最高榮譽」，倘若別人不以爲然，他們就會認爲對方是「嫉妒自己的才華」。

另外，他們常會覺得自己是「身分特殊」的VIP，走到哪裡別人都應該給他們「特殊禮遇」，他們會強調：你們知不知道我是誰，不知道的人就是有眼不識泰山。

或許是小時候被父母過度驕縱溺愛，長大之後也習慣要求別人把他們「捧在手掌心」，以他們爲主，滿足他們的所有的需要，才會養成搶功的人格特質。

搶功的人格：擁有高度的自我意識、缺乏對別人的同理心

通常喜歡搶功的人，在做一件事情之前多半會先問：「這樣做對我有什麼好處？」經過評估後，假如他們覺得有利可圖，就會接著問：「那我該如何利用這個機會？」一旦打定主意，他們就會勇往直前地利用別人，不會有愧疚感。

除了做事情之前他們會先問清楚：「這樣做對我有什麼好處？」外；和別人交往的時候，他們也很關心：「對方能給我多少好處？」由於他們只在乎自己的利益，當然就很難兼顧到別人的感受。

從事業務工作的朋友柯南，有次得貴人相助，接到一個很大的案子。當同事發現他的嘴裡叨了一塊肥肉時，隨即蜂擁而上，不斷有人熱心地問他：「有沒有需要幫忙的地方？」其中又以同仁秀蘭表現得最爲積極，經常跑來問他：「要不要我幫你做些什麼？」

受寵若驚的柯南，爲了不辜負同事的一片好意，便請秀蘭幫他打企畫案。拿草稿給秀蘭時，他還特別交代：「這份企畫案有點急，拜託妳下班的時候拿給我，如果沒打完，我再加班趕工。」

爲了避免耽誤秀蘭的約會時間，一下班柯南就跑去拿企劃案。沒想到，秀蘭卻自作主張地把企畫案交給總經理過目了。驚訝之餘，柯南立刻到總經理的辦公室拿回那份企畫案。看到企畫案，柯南全身的血液都往頭頂上衝，因爲提案人的名字竟然是秀蘭。

事後秀蘭非但不覺得自己「搶了別人的案子」，反而理直氣壯地與柯南一起負責執行這個大案子。最讓柯南心理過不去的是，秀蘭經常趁柯南不在公司的時候，跑去跟總經理邀功，說自己爲了這個案子加了多少班、跑了多少路、瘦了多少公斤。

在秀蘭的不斷洗腦下，總經理眞的以爲這個案子秀蘭的功勞最大，不僅公開表揚她的功績，還給了她一個大紅包。

假如換成你是柯南，心裡會做何感想呢？通常和喜歡搶功的同仁共事後，大概都會把他們列入拒絕往來戶，因爲他們對別人缺乏同理心，只顧著爭取自己的好處，漠視別人的苦難，自然較難跟別人發展互惠的人際關係。

應對之道：展現實力不退縮

假如迫於現實，需要和會搶功的人一起合作，該怎麼應對比較好？不妨先回家看DISCOVERY頻道的動物節目，就能找到答案。

在動物界中，無論長相多可愛或多兇猛的動物，看到食物的反應都一樣，就是撲上去搶食，動物們不會事先詢問：「這是誰獵來的食物？」也不會禮貌詢問：「我可不可以分享你的食物？」反正看到食物，誰搶贏就是誰的。

因此，碰到會搶功的人就需要展現自己的實力，直接告訴他們界線在哪裡：這是我負責的案子，可以自己進行。同時也需要做好向上管理，讓主管了解過程與做法，才能避免功勞被別人搶走，辛苦努力的果實卻看著別人在享用，長久下來，心理很容易不平衡。

換個說法：「搶功說詞」換成「假設問句的同理說法」

如果發現自己會「搶功」，就是改善人際關係的第一步。因爲喜歡搶功的人注意力往往只集中在自我身上，能夠覺察自己的行爲會對別人造成的影響，可說是一個重大突破。

下一步努力的方向，就是學著尊重別人的存在，多多同理別人的感受。日常生活中，養成使用「假設問句」的說話方式：「如果我是對方，我會怎麼做？我會有什麼感覺？」

了解別人的感覺後，第三步經常以「需要」兩個字來造句，譬如：「別人的需要我可以滿足嗎？」

從過去習慣詢問別人：「這樣做對自己有什麼好處？」轉成關心對方：「這樣做對別人有什麼好處？」

一步一步將關心的焦點從自己擴大到別人，一方面跟別人建立平等互惠的關係，另一方面與別人分享自己的資源，雙管齊下，很快就能領悟「施比受更有福」的道理。

愛潑冷水的人

□這有什麼好玩的，真的很無聊。

□一點都不好玩，哪有你說的那麼好玩。

□打扮成這樣，真是幼稚。

□音樂這麼大聲，吵死人了，我想要回家。

□那種小孩子玩的遊戲，我才不要玩。

□什麼爛禮物，也送得出手。

上面這些話語聽過或說過嗎？如果有的話，就意味話語中添加了「否定」的冷水式說話方式。

從小到大我一直信奉「什麼節都要過」的哲學，尤其是年終的聖誕節，更是每年必過的重要節日。有一年聖誕節接到朋友的邀約電話：「我們公司今年舉辦聖誕化妝舞會，妳要不要來玩？」我開心地問：「真的嗎？不是妳們公司的員工也可以參加嗎？」

「不是任何人都可以來，我把妳列在合作廠商的名單中，聽說節目很精彩，有冰雕大餐、熱歌勁舞、賓果遊戲，妳來玩嘛，我男朋友也會來，順便介紹給妳認識。」朋友還交代我：「妳要準備一份價值五百塊的禮物，舞會最後有交換禮物的活動。」我好奇的問：「那妳要打扮什麼樣子？」我已經開始想像當天的熱鬧場面。「不告訴妳，到時候妳自然會看見。」

就像小時候等待旅行到來的習慣一樣，我老早把衣服、鞋子、禮物準備好，總算盼到聖誕夜，看到幻想已久的冰雕大餐，我忍不住大叫：「哇！看起來好好吃的樣子。」

這時站在朋友身旁，一個理著小平頭的男生也跟著發表感想：「這就是妳形容的浪漫冰雕大餐，什麼冰雕嘛，刻得這麼醜，眞是笑死人了。」

有如此不識相的人，當眾破壞氣氛，朋友趕緊出來打圓場：「對不起，忘了介紹你們互相認識，這是我男朋友。」原來是朋友的另一半，我馬上擠出笑容：「嗨！很高興認識你。」

爲了不讓朋友覺得尷尬，大家都很有默契地把注意力轉移到穿著打扮上，正當我們努力誇讚對方的裝扮多有創意時，男友又開口了：「打扮成這樣，眞是幼稚。」

這個時候，如果不想破壞氣氛，大概只有假裝沒聽到。剛好主辦單位適時廣播宣布：「用餐時間到了，請大家盡情享受。」大家才鬆了一口氣，興高采烈地起身去拿食物。

才剛吃完冷盤和沙拉，男友突然沉著臉說：「昨天晚上被客戶灌醉，吐了一地，到現在胃都還不舒服。」

瞬間，所有人的表情都僵住了，聽到這樣的話，大家享受美食的胃口難免受到影響，好不容易等到音樂換成快節奏的舞曲，大家正想趁機轉換氣氛，不料，男友又有意見：「音樂這麼大聲，吵死人了，我想要回家。」多虧朋友擁有超強的忍耐力，此時她還能輕聲細語地安撫男友的情緒：「待會就可以玩賓果遊戲，贏了有獎品。」男友非但不領情，反而氣嘟嘟地說：「那種小孩子玩的遊戲，我才不要玩。」沒辦法，朋友只好帶他出去散步透透氣。等男友一走，我們這桌的人立刻舉杯慶祝：終於可以不受干擾地享受歡樂氣氛了。

直到交換禮物活動開始，朋友才帶著男友回來。拿到禮物後，男友撕開包裝紙，一看到是沐浴禮盒，亦不管旁邊有沒有人，便毫不留情的大聲批評：「什麼爛禮物，也送得出手。」臨走時，男友一面走一面抱怨：「一點都不好玩，哪有你說的那麼好玩。」

潑冷水說話方式的養成歷程

活動結束後，跟朋友相約吃飯聊天，朋友抱歉的說：「那天很不好意思，掃了你們的玩興。」

我直覺問朋友：「是否男友不想來，是妳把他拉來的？」朋友點點頭：「就是因爲這樣，他才會表現得那麼不合群。」

朋友接著解釋：「他什麼都好，工作認眞、做人老實，也很照顧我，但不知怎麼搞的，就是不喜歡玩，老愛破壞氣氛，害我得罪不少朋友。」朋友露出一抹無奈的笑容。

「我想，他可能沒有眞正嘗過歡樂的滋味，所以才會還沒有開始玩，就覺得不好玩。」

朋友沮喪的說：「有時候，我眞的有很深的無力感，想讓他開心，偏偏被他當頭潑一盆冷水。」

爲了降低朋友的無力感，我請她回去後利用聊天的機會問男友三個提問：「他成長的過程中是不是很少被爸媽誇獎，也很少被注意？每當他提出問題，爸媽都如何回答？還有他以前是不是很少跟其他小朋友玩在一起？」

吃完飯，朋友便帶著提問回家做功課，沒多久，她就有了回音。朋友先回饋我：「妳眞是未卜先知，好像跟著他一起長大。」接著告訴我，男友的爸媽很少誇獎他，也很少注意他；而且，每次不管他提出什麼問題，爸媽都會罵他：「小孩子問那麼多幹什麼？」更讓朋友驚訝的是，男友下課時間很少跟同學打鬧玩耍，朋友好奇問他：「怎麼不跟同學玩？」男友竟嫌同學「無聊」。

其實，不少愛破壞氣氛的人，也都擁有一個單調乏味的童年，他們既沒有機會接觸外面的花花世界，也不被允許對環境產生好奇心，每當他們因好奇而發問時，不是遭到大人責罵，就是得到一個無趣的答案，久而久之，他們變得不愛提出問題，也不想探索世界，對任何事情都缺乏興趣。

怎麼跟「潑冷水性格」的人互動

許多愛潑冷水的人都渴望別人把注意力集中在自己身上，看別人玩得很開心，就會忍不住掃興，一方面想引人注意，另方面也強迫別人關心自己的情緒。

由於缺乏讓生活多采多姿的創意和原料，所以他們才會擺出一副興趣缺缺的樣子，對人生充滿了不耐煩，在他們的生活字典裡沒有「愉悅快樂」、「自得其樂」這些形容詞，只有「難玩死了」、「無聊得要命」這些負面感受。

所以，和愛潑冷水的人互動，就要做好「自得其樂」的心理準備，尊重他們的選擇，無須強迫他們跟自己一起同樂，不然，當他們覺得無聊時，就可能做出各種令人掃興的舉動，反而壞了玩興。

換個說法：從「冷淡否定」換成「具體建議」

每個人興趣不同、喜好各異，難免會有「別人覺得好玩，自己覺得無聊」的時候，可是，假如不管參加什麼活動都覺得無聊，而且想要立刻逃離現場，就需要自我省思：別人都玩得很盡興，何以只有自己覺得不好玩？

當我們對其他的人、事或物有正向的態度，抱持「喜歡、欣賞、贊同」的觀感時，行爲上就會表現得較爲溫暖；相反地，如果常常覺得「不喜歡、不贊同」某些事物時，就會表現出冷淡的態度，而這種溫暖或冷淡的態度，也會影響別人是否喜歡跟他們互動。

避免以「否定語言」回應別人，就不會冷場

常常使用「否定式語言」的人，會特別強調自己的「評價式想法」，不但無法引起共鳴，還會讓現場氣氛冷掉。

較適合的回應是「不批評、不強調自己的評價式想法」，只著重在彼此認同的部份，也無須勉強自己去迎合別人。

譬如，當對方說：「今天的活動好有趣」時，不妨回應自己「覺得認同的地方」，像是「我覺得什麼活動安排的如何」來正面回應。

想換掉「潑冷水」的說話方式並不難，當自己表達完負面感受，可以提出具體的想法和建議。舉例來說，我覺得光坐著聊天較無趣，建議大家去唱KTV，既可以一邊吃東西聊天，同時還可以唱歌練歌喉。

當你提出具體可行的建議，別人就不會感覺你在潑冷水，而會認爲你是對某個活動不感興趣。

可憐故事說不完的人

□我生活陷入困境，真的走投無路了。
□您可不可以先借我一點錢，周轉一下，我一定會還錢給您。
□只有你能救我了，你一定要救救我。
□不是我不努力，而是我沒能力。
□我運勢一直不好，做什麼都不順，老天爺都不幫我，你能不能幫我。
□我身無分文，你可不可以借我一點錢。
□我想要去找工作，可是身上連車錢都沒有，可不可以先借我三千塊錢，以後有錢一定會立刻還你。
□我沒有地方落腳，房東說房租連同押金一共需要多少錢，可不可以先借我周轉一下？
□難道你信不過我嗎？

上面這些話語聽過或說過嗎？如果有的話，就意味裡面可能暗藏「可憐臺詞」，沒有分辨清楚，輕則破財，重則失去對人的信任感。

每隔一段時間就可以聽到一些關於玫瑰的故事，多年來，我聽過的故事多到不知從何說起。先介紹玫瑰這個人好了，玫瑰的個性活潑外向，從小到大老師最常寫給她的評語是「上課愛講話」。不過玫瑰倒真的有點語言天分，她很擅長把自己的遭遇說得很可憐，讓聽到她故事的人，都會想要幫助她，不然就好像對不起自己的良心。

其中讓我印象深刻的一個故事是，有次愛漂亮的玫瑰，獨自帶著兩個稚齡的小孩坐火車回娘家。回到家，玫瑰的細高跟鞋經不起長途跋涉而斷了；臉上的妝也被汗水弄花；孩子的尿布亦因長時間沒換，發出難聞的臭味。

看到女兒如此狼狽，女婿竟然沒跟著回來，玫瑰的父親心痛沉著臉問：「妳們回來做什麼？」玫瑰聞言趕快叫老大喊：「阿公好。」看到父親的表情稍微慈祥一點，她才解釋回娘家的原因：「房東要把我們的房子收回去，勒令我們立刻搬家。」

不善言詞的父親並沒有說任何一句安慰的話，玫瑰又繼續說：「我好想有一間屬於自己的房子，即使是小小的一間也沒關係，只要有地方住就好了。這樣就不用再看房東的臉色，更不必擔心會被別人趕來趕去。」

面對沉默的父親，玫瑰唯有想辦法自己接話：「偏偏我老公最近運勢不好，做什麼都不順，還被別人倒會，我們窮到連給孩子買奶粉的錢都沒有。」

其實所有的親戚都知道，玫瑰的老公整天游手好閒，根本就把她當成提款機，需要錢花的時候，就叫她回娘家要錢，這樣怎麼可能會有好運勢？當初玫瑰不顧家人的反對，硬是要嫁給他，現在說什麼都是多餘的，玫瑰的父親只有以沉默抗議一切。

不管玫瑰再會說話，也有詞窮的時侯，沒話講了，就得說出此行眞正的目的：「爸，您可不可以先借我一點錢，周轉一下，我們一定會還錢給您。」

明知女兒和女婿不太可能還錢，做父親的又狠不下心看女兒受苦，玫瑰的父親決定幫女兒最後一次忙：「你們去找間合適的房子，我幫你們付頭期款，另外再給你們八十萬，叫你丈夫去買輛計程車開，這樣生活和貸款就不成問題了。」

玫瑰的父親萬萬想不到，這對夫妻聰明到僅僅花了十幾萬就買到一部中古計程車，多出來的錢正好供他們吃喝玩樂、買名牌服飾，快活一陣子。

錢花完了，玫瑰又可憐兮兮地帶著孩子回娘家，這次的理由更加慘烈：「我老公被警方通緝，生活陷入困境，沒錢繳貸款，房子也被銀行拍賣了。爸，我眞的走投無路，可不可以搬回來住？」自己生的女兒，怎麼會變成這樣？玫瑰的父親無語問蒼天。

回想玫瑰小的時候，由於父母都忙於工作，只好送到阿姨家請親戚代爲照顧。這一照顧，從三歲住到快上小學；其間只有周末假日回家住一兩個晚上，長期和父母分離，剛回家時玫瑰嚴重的適應不良，經常吵鬧不休，爲了安撫玫瑰的情緒，忙碌的父母便以金錢和禮物滿足玫瑰的需求。

年紀雖小，玫瑰卻很清楚金錢的力量。漸漸的，她的零用錢已經不能滿足她的慾望，玫瑰開始編織各種理由跟父母要錢：「小美生日快到了，我要買禮物送給她。」或是「學校舉行冬令救濟，老師規定每個人都要捐錢。」反正父母那麼忙碌，也不會有時間去查證，玫瑰幾乎每次都可以要到所需要的金錢。

玫瑰的口才越練越好，藉口亦越編越動人，上台北補習重考大學那年，她認識了現在的丈夫，爲了跟男友同居，玫瑰打電話回家訴苦：「我的室友喜歡聽音樂又愛聊天，都吵得我不能念書，我想換個環境好一點的房子。」爲了讓女兒好好念書，父親立刻匯錢上來。

兩人同居之後，沒有工作的男友天天帶著玫瑰到處吃喝玩樂，爲了應付龐大的開銷，玫瑰不斷打電話回家要錢：「我騎車撞傷人，需要賠償醫藥費，快點匯錢給我。」雖然被父親責備一頓，玫瑰還是要到錢了。

從小到大，不知聽玫瑰編過多少故事，怎麼幫她都沒有用，父親這次決定鐵了心腸，不讓玫瑰搬回家住，也不再給她金錢援助，就當沒生過這個女兒。

裝可憐博取同情的常見說法

曾經聽過別人悲慘可憐的遭遇嗎？彷彿所有的噩運都降臨在他的身上。有時候，故事越賺人熱淚，就越要提高警覺，究竟對方是因「天災人禍」才會陷入困境？亦是「自編自導」的可憐情節？

善於把「痛苦」轉成「金援」

不只是玫瑰很善於把「痛苦」轉成「金援」，其實身邊有不少人都善於把痛苦遭遇轉變成金錢資源。

有個朋友在半夜接到工作上往來夥伴的求救電話，電話中他聲淚俱下，不斷泣訴：「只有你能救我了，對方威脅要斷我的手腳，你一定要救救我。」

由於朋友的家人曾經遭逢生命被人剝奪的殘忍事件，特別能夠同理生命受到威脅的恐懼，立刻決定籌出巨額金錢救出工作夥伴。結果朋友一把救命錢匯過去，工作夥伴便消失無蹤。之後當朋友得知，工作夥伴為了能夠獲得大量資金，而編出可憐遭遇，讓朋友再次受到打擊。

我見過許多眞正接受上天考驗的人，反而不會動不動就把「痛苦」掛在嘴上，他們會咬緊牙關，撐過磨練與考驗。

充滿金錢陷阱的「可憐臺詞」

我認識好幾個男性朋友都曾經在「可憐臺詞」的引導下，不由自主掏出金錢幫助對方的慘痛經驗。

■我身無分文，你可不可以借我一萬塊錢？

先說朋友傑克的故事，有次傑克在聚會時，提出一個問題：「如果有個女生每天對你噓寒問暖，一下提醒你出門要注意天氣變化，一下關心你晚餐吃了沒有，你們會不會想跟她正式交往？」「當然會。」大家異口同聲地回答。

傑克又問我們：「若是和這個女生約會的感覺不錯，而對方又臨時發生困難，你們會不會拔刀相助？」「當然會。」大家的答案也一樣。

傑克接著又問我們：「假如這個女生雙眼泛著淚光，用哀傷的語氣說：『我身無分文，你可不可以借我一萬塊錢？』你們會不會借她？」

這次大家都沒有回答傑克的提問，反過來問傑克：「所以你把錢借給對方了嗎？」

「其實，區區一萬塊對我而言，也不是什麼大錢，氣人的是，借錢給對方後，她居然連同我的愛情一起捲款潛逃，讓我有被騙的感覺。」說起傷心事，向來悲喜不形於色的傑克，也流露出心痛的表情。

■我身上連坐車的錢都沒有，可不可以借我一點錢，以後有錢一定會立刻還你

再來說朋友威廉的故事，有次威廉難過到需要借酒消愁：「說出來你們絕對不會相信，我跟這個女孩連床都沒碰到。」

接著威廉為自己找臺階下：「不過，我也沒那麼笨啦，那個女孩的身世眞的蠻可憐的，每次都哭哭啼啼地跟我泣訴，她在家被父母凌虐到全身瘀青，為了脫離魔掌，她想到台北來找工作，可是身上連車錢都沒有，問我可不可以借她三千塊錢，以後有錢一定會立刻還我。」

「三千塊錢，小錢啦！你就當作日行一善好了。」大家覺得威廉為了一點小錢耿耿於懷，未免太小題大作。

■我沒有地方落腳，房東跟我說房租連同押金一共需要五萬塊，可不可以先借我周轉一下？

「事情的發展有這樣簡單就好了，這個女孩到了台北又打電話跟我泣訴，她沒有地方落腳，房東跟她說房租連同押金一共需要五萬塊，問我可不可以先借她周轉一下？換做是你們也會借，對不對？說實在的，這個女孩眞的蠻努力的，沒多久就找到了工作。」威廉說到這裡停頓了一下。

「那她領到薪水有沒有立刻還你錢？」大家都迫不及待想知道結局。

威廉喘口氣說：「別急，你們聽我說嘛，爲了還錢給我，她每天加班，有天早上還差點昏倒。聽她這麼說，我當然會安慰她：『不要太拼命工作，我先給妳一筆錢，不夠的話，妳再跟我拿。』」

「慘了，慘了，這下你自己開口說要給她一筆錢，以後鐵定沒完沒了，對不對？」大家忍不住替威廉擔心。

威廉回應：「眞的耶！沒過多久她就打電話跟我商量，她欠朋友五千塊錢，可是老闆要等到月底才發薪水，問我可不可以先借她這筆錢，她領到薪水馬上就會還給我。」

「那你還繼續借錢給她嗎？」大家開始爲威廉著急。

威廉搖頭說：「這一次我跟她開玩笑說：『我沒錢了，我的錢都被妳借光了。』你們猜怎麼樣，她居然叫我去跟朋友借錢，我才覺得事情不太對勁。所以，我跟她說，男人跟朋友借錢是一件很丟臉的事情，你們猜怎麼樣，她竟然慫恿我去跟地下錢莊調錢，這不是存心想害死我嗎？」

「你不會眞的去跟地下錢莊借吧？」大家擔心地說。

威廉似乎醒過來：「我才沒那麼笨，我乾脆將計就計，反過來騙她，我被地下錢莊逼債，問她可不可以先還我一點錢。結果她哀怨地對我說：『難道你信不過我嗎？』從此以後就沒消沒息，連人都不知去向。」

裝可憐的生存法則

孩童階段，每當哭得很可憐，或是生病痛苦時，父母就會買糖果買玩具來安撫孩子情緒，久而久之，便學會「裝可憐的生存法則」。需要別人特別照顧，就裝可憐哭泣來達成目的；想要滿足物質慾望，就編織可憐故事來打動人心。

長期處於「可憐」的情境中，連他們都相信「自己天生命運悲慘」，沒有能力扭轉現況，必須等待別人伸出援手，才能脫離苦海。

面對困難時，爲了卸下「解決問題」的責任，乾脆表現出「柔弱無助」的樣子，企圖告訴自己和別人：「不是我不努力，而是我沒能力。」

諮商的過程中，看過很多被可憐故事傷害的當事人，後悔自己當時因爲「看他那麼可憐」而出手相救，結果讓自己陷入痛苦懊惱的深淵中。所以，每次聽到可憐故事時，越是情節悲慘賺人熱淚，我都會使用各種「提問法」來釐清眞相，幫助自己做出適合的判斷。

換個說法：將「可憐際遇」換成「我負責語言」

「裝可憐」的人往往會不自覺的沉溺於坎坷的遭遇中，扮演「受害者」的角色，到處找人訴說痛苦的故事，期待別人聽了自己的可憐故事，可以拯救自己脫離苦海，卻沒有採取行動改變自己的人生。

何以要把自己想像成受害者？好處是，既可以減輕痛苦，也不必承擔自己失敗的責任。

因此，要去除「跟別人哭訴」的習慣，最好先弄清楚：「自己想過什麼型態的人生？」然後列出：「達成目標需要付出哪些努力？」而不是一味等待別人來拯救自己。

心理諮商的學派中，有不少增強人們責任感的方法，其中一個「我負責語言」，很適合感覺自己很可憐的人。

步驟非常簡單，每跟別人講一個悲慘的感受，或是一個不幸的故事時，都在心裡對自己說：「我爲剛才說的話負責。」慢慢擴張自我的責任感，擺脫受害者的角色。

背後議論的人

☐她的學經歷背景也沒有很優秀，不曉得用什麼手段得到上層賞識。

☐我聽說她跟總經理有「特殊關係」，才能做直升機，步步高升。

☐聽說誰和誰正在祕密發展「地下戀情」。

☐誰和誰聽說最近走得很近。

☐誰和誰好像吵架分手了。

☐她好像是某人的情婦。

☐八成受了什麼打擊，不然怎麼會突然爆瘦？

上面這些「背後議論」，曾經聽過哪一種？或是說過哪一種？背後議論自己不敢說出口的事情，既是一個紓解管道，又不怕得罪對方，還能跟別人交換情報，滿足人際的好奇心。

一般人聽到別人在背後議論自己的閒言閒語時，反應多半會很氣憤，真想把對方的嘴封起來。

或許是受到教育方式的影響，很多人都不敢對別人說出自己的內心話，害怕說出「眞正的感受」會得罪對方；害怕直接去問對方眞相，對方會覺得自己多管閒事。可是，這些「內心話」又哽在喉嚨，不吐不快，該怎麼辦呢？

這個時候，背後議論自己不敢說出口的事情，便是一個最好的紓解管道，既可暢快說出自己的感覺，又不怕得罪對方，還能跟別人交換情報，滿足人際的好奇心，可說是一舉三得。

也有些人是爲了打入團體，而不得不加入「背後議論系統」，大家一起分享祕密，自然形成一股彼此支援的力量。還有些人則是爲了避免別人談論自己，只好訴說別人的私生活，來轉移周遭人對自己的好奇和興趣，當然一個不小心，也會成爲別人議論的對象。

容易勾起議論慾望的話題

通常會勾起大家議論慾望的話題，大多是很少有機會曝光的私生活，其中又以各種「親密關係」最具可議性：誰和誰聽說最近走得很近；誰和誰最近好像吵架分手了；聽說誰拒絕了誰的追求；誰和誰正在祕密發展「地下戀情」……。總之，越是當事人不欲人知的事情，大家就討論得越起勁。

在美國遊學的時候，我發現一個很有趣的現象，那就是，不論外國同學交了幾個情人、換了多少個情人，大家都不會在背後議論他們，彷彿這是天經地義的事情。不過，如果談戀愛的對象是亞洲同學的話，那情況可不同了，大家就會忍不住私下議論，好像「不說」就表示「不關心」同學似的。

哪種人容易成為議論的對象？

所謂「樹大招風」，一般容易引人議論的對象，多少有些與眾不同的特質，讓人忍不住對他們發表評論，下面這幾種人特別容易成爲議論的對象：

■團體的寵兒，或公司的紅人

由於別人沒有親眼目睹他們成功、受寵的過程，無形中便擴大了想像空間：「她的學經歷背景也沒有很優秀，不曉得用什麼手段得到上層賞識。」

只要有人起了個頭，自然會有人接著議論：「我聽說她跟總經理有『特殊關係』，才能做直升機，步步高升。」

如果這個紅人又是個「愛表現」的人，喜歡當眾炫耀：「這是老闆去法國買給我的名牌包包，你們說，好不好看。」自然會引來滔滔不絕的背後議論。

穿著性感的人

平常喜歡穿低胸露背裝、超短迷你裙，到了重要時刻還會精心打扮的人，很容易引發別人的好奇心：「穿的這麼漂亮是要去做什麼嗎？」。雖然每個人都擁有身體自主權，具有穿著打扮的個人自由，但若偏愛展現身材優點的服裝，不妨做好「接受別人背後議論」的心理準備。

我認識一位女性朋友，每次開會都要把襯衫釦子往下解一顆，可想而知，朋友在公司自然成爲大家議論的對象，大家熱烈猜測她這個舉動背後的目的是什麼。對朋友而言，她就是覺得這樣比較舒服，沒有其他目的，但還是擋不住同事的議論紛紛。

過了適婚年齡卻遲遲未婚者

最容易招來的議論不外乎：「我聽說他是同志。」或是「她好像是某人的情婦。」

身材突然改變

也會引來一些關心的揣測：「你們說，她看起來像不像懷孕了？」或者「八成受了什麼打擊，不然怎麼會突然暴瘦？」或是「他突然暴瘦，是不是失戀了？」

有時候「背後議論」是好奇心驅使，但也有可能是關心對方的方式，不妨試著做正向解讀，就能避免引發自己的情緒。

知道有人在背後議論自己，會採取什麼反應？

我認識一個男性朋友，生平最痛恨別人在背後議論他的羅曼史，有一次，他去參加朋友的婚禮，自己明明乖乖地坐在位子上喝喜酒，旁邊還坐著一位德高望重的阿姨，可以爲他作證，不料事後卻有一票參加婚禮的朋友在背後議論他，內容是「他和一個長得又高又漂亮的美女談笑風生，而且兩人狀甚親密」。

這些子虛烏有的事，竟然討論得跟眞的一樣，朋友實在氣不過，便跑去警告對方：「請你們不要在背後討論我的隱私。」不警告還好，一警告大家反而議論得更加熱烈，從他的出身背景、個性嗜好，到他的歷年情史，都被挖出來議論一番。

事實上，得知有人在背後議論自己時，最好先設法讓自己冷靜下來，客觀地想一想，對方說的有沒有道理，議論的內容會對自己造成什麼影響，再思考接下來可以如何應對。

如何降低別人背後議論的興趣？

倘若會氣到頭皮發麻，就表示自己很在乎「別人的看法」。所以，只要你「不在乎」，議論自然就會平息下來。

既然議論的內容是別人「不敢說出口的眞心話」，那多少都有一點可聽性，因此不要全部做負面解讀，認爲「別人在背後說自己的壞話」，不妨參考一下，看看有沒有需要自我省思的地方？

假如覺得議論的內容有澄清的必要，那就找個聊天的機會，把事情的來龍去脈跟「可以信賴」的議論者解釋清楚，以免將來留下解不開的心結和誤會。

萬一有人受不了好奇心的驅使，直接跑來問你：「究竟是怎麼回事？」最好不要給對方臉色看，或大罵對方：「多管閒事。」不妨「謝謝對方的關心」，順便把握機會跟對方解釋清楚。

智慧的前人已經告訴我們，背後議論是自然的人性：「誰人背後無人說，那個人前不說人。」所以，知道有人在背後議論自己的時候，與其氣憤，不如重新觀照一遍自己的內心世界，何以自己會如此在意別人的議論，或許會有新的發現也說不定。

換個說法：將「議論」轉成「設身處地為對方著想」

背後議論別人之前，先問問自己下面幾個問題：

※「這個事情是眞實的嗎？有經過查證嗎？」

※「公開討論別人的私事，對那個人公平嗎？」

※「有必要這麼做嗎？會不會對別人造成傷害？」

站在對方的立場，設身處地爲對方著想，可說是杜絕議論的最佳方法。

如果不想加入別人的議論，可以技巧的轉移話題：「談點別的吧！」萬一碰到有人主動議論某人，不妨用關心的語氣說：「要不要當面跟對方談一談？或許事情會更清楚、更有幫助。」

如果發現，議論的事情關乎利益糾葛，最好盡快結束議論，避免捲入別人的是非之中。

過度關心的長輩親戚

- □現在薪水領多少？賺多少錢？
- □年終領幾個月？
- □給爸媽多少錢的紅包？
- □做什麼樣的工作？
- □有沒有交男女朋友？
- □打算什麼時候要結婚？
- □預計什麼時候要買房子？
- □什麼時候要生小孩？
- □學業成績如何？
- □念哪一間大學？
- □怎麼不跟爸爸一樣，去考公務人員？
- □看到人都不會叫，忘記我是誰了嗎？

上面這些問句聽過或說過嗎？如果有的話，就代表有長輩、親戚正在發動問候攻勢，要如何應對，才能避免失禮又能保有隱私。

每當逢年過節或親友聚會，上面這些問句就像面試必考題，會不斷被迫回答。有些人面對長輩、親戚的問候攻勢，會覺得壓力很大，變得越來越不愛參加家族聚會；有些人則會覺得隱私被侵犯，選擇沉默不回答提問。

關心問候原本是正向的人際交流，但若缺少尊重，沒有顧慮對方的處境和感受，就很容易造成反感，譬如說，有的長輩會用急切的口氣詢問：你今年給爸媽多少錢的紅包？等晚輩回答了，又否定晚輩的價值：包太少了，應該要更孝順父母才對。或是用催促的語調詢問：找到另一半了嗎？邊問還會邊下結論：你一定是眼光太高了，然後再附加叮嚀：眼睛不要長在頭頂上。面對長輩、親戚的問候攻勢，想要避免失禮又能保有隱私，可以先了解長輩的性格類型，就能輕鬆找到應對之道。

長輩的性格類型以及應對之道

依據從小到大應對長輩親戚的經驗發現，其實長輩的性格類型差異頗大，無需因爲少數長輩的比較、逼問，而疏遠所有的長輩；加上親疏遠近、熟悉程度不同，不妨試著慢慢摸索出「長輩問候回答指南」，不只跟長輩親戚聊天更輕鬆自在，還能深入了解他們的心理感受，或許會有意想不到的收穫。

■溫暖型的長輩

溫暖型的長輩大多是眞心關懷晚輩，通常雙方關係也比較親密，應對起來自然輕鬆，只要認眞回應他們就好了。

■怕尷尬型的長輩

其實很多長輩聊天時都有「空白焦慮」，他們很擔心氣氛冷場，於是努力找話題、提問題，希望可以塡滿對話，至於晚輩回答什麼內容並不是最主要的。所以，遇到害怕尷尬型的長輩，應對的方法可以先簡單回答提問就好，接著可以引導到其他話題上，當晚輩主動開啟話題，長輩的「空白焦慮」就會大幅下降。相反的，晚輩的話越少、越沉默，長輩的「空白焦慮」就越高，越會激發他們找更多的問題，讓雙方的情緒都陷入焦慮中。

■空虛型的長輩

不少長輩都處於「空巢階段」，可能自己的孩子長大離家，也可能退休在家多年，這類空虛型的長輩多半比較缺乏生活重心，因此，聊天的話題也會比較侷限在家務隱私上面，應對這類長輩的時候，可以聊聊過去回憶的懷舊話題，也可以分享自己的生活趣事，如果知道他們有愛看的電視節目，亦是很好的談天題材，自然可以把聊天的焦點從隱私轉移到其他話題上。

■指導型的長輩

指導型的長輩往往會試圖支配晚輩的行爲，來增加自己的價値感，這類型的長輩偏愛對晚輩下指導棋，或想要改變晚輩的決定，或是糾正晚輩的做法，他們常會說：「你這樣做不對，應該怎麼做才對。」也常會給晚輩貼標籤：「你們年輕人就是吃不了苦，都是草莓族。」接著開始對晚輩耳提面命：「要多任勞任怨，不怕吃苦。」

在所有的長輩類型中，指導型的長輩屬於較不好應對的，如果晚輩不按照他們的指導去做，就會被責備、叨唸，眞的讓人很難招架，所以，最好趕快謝謝他們的指導，然後找機會去跟其他親友互動聊天。

■比較競爭型的長輩

有些長輩偏愛比較競爭，比哪個晚輩最有成就，比誰的公司最有名，比誰的收入最多，比誰家的孩子最乖巧懂事，比誰的學歷最高、成績最好，比誰獲獎最多，比較完「誰最厲害」之後，接著開始互相比較：「你看誰那麼優秀，你要多跟他學習，他什麼都贏過你。」「你怎麼不跟誰一樣，趕快結婚生小孩，他做什麼都比你快一步。」

遇到愛比較的長輩，倘若晚輩對自己的信心不夠高，很容易傷到自尊，因此，要應對這種類型的長輩，可以先思考一下：「比較」能夠滿足他們什麼心理需求？他們之所以這麼愛比較，其實是要「贏過別人」、「高人一等」、「被人肯定」，深怕「比不過別人」，了解他們的心理需求就好辦了，跟比較型的長輩互動時，多多誇獎他們「最厲害的地方」，譬如說誇讚長輩：「做的菜是最好吃的。」「眼光是最好的。」「知識是最淵博的。」或許能夠順利過關。

■記憶退化的長輩

記憶退化的長輩常會反覆詢問相同的問句，上一次見面才問過，這一次見面又再問一次，這類型的長輩受生理因素的影響，完全不記得有問過你，才會一再問相同的問句。

■跟長輩聊天的指南

跟長輩聊天的時候，不妨從眼前的事情開始讚美他們，看到阿姨種的花，就可以詢問：「這盆花好美，是怎麼種的呢？」品嘗長輩的料理，可以讚賞並詢問他們：「這道菜好好吃，有沒有什麼獨特的祕方？」讓長輩多多分享他們擅長的事物，不只可以讓長輩打開話夾子侃侃而談，還能夠提升他們的成就感與自信心，這樣長輩自然不會把注意力放在探問隱私上面。

打探消息的人

□ 剛才老闆跟你們說些什麼？
□ 我聽說誰和誰鬥爭鬥得好凶。
□ 最近有沒有聽到什麼消息？
□ 老闆給你加多少薪水？
□ 有任何關於這個人的消息，都要先來跟我商量，才不會吃虧上當。
□ 若是你聽到有人說我什麼，一定要告訴我。
□ 聽說某某名人在你們這裡……

上面這些話語聽過或說過嗎？如果有的話，就代表有人正在「打探消息」。

多年前，我曾經碰過一個愛打探消息的同事，他對公司上下所有的同事都感興趣。每次一開完會，還來不及喘口氣，他就會跑來問：「剛才老闆跟你們說些什麼？」看到有人臉色難看，也會好奇的問：「有人被釘嗎？」

中午休息時大夥一起吃飯，他常會關心的問：「最近你們都在忙些什麼？」聽完眾人的近況後，他還會意猶未盡接著問：「你們有沒有聽到什麼消息？」

下班後趁著等公車的空檔，他亦不忘把握機會問：「晚上有什麼節目？」如果沒有得到滿意的答案，他會不死心的追問下去：「那你待會兒要去哪裡？要跟誰一起去呢？」

為了跟大家交換情報，他也會主動提供消息：「我聽說誰和誰鬥爭鬥得好凶。」除了談公事以外，他更喜歡探聽別人的私生活：「我看到誰跟誰最近經常一塊下班，他們兩個是不是在談戀愛啊？」看到大家驚訝的眼神，他會透露更驚人的內幕：「前幾天我在一家餐廳親眼目睹他們兩個有說有笑。」希望能用「小消息」換到「大消息」。

記得有一陣子，他逢人便問：「老闆給你加多少薪水？」面對這個敏感問題，大家都趕快轉移話題，沒想到有個剛進公司的同事不小心說溜了嘴，當他得知「新進員工加薪的幅度比自己這個資深員工多」的時候，這下不得了，他非但積極打探所有員工的薪資行情，而且激動得到處放話：「資歷淺的人竟然加薪幅度比資深的人還高，這還有天理可言嗎？」在他的鼓動下，公司很多員工的情緒皆沸騰起來，久久不能平復。

四處布下眼線方便打探消息

我見過不少喜歡打探消息的人，都特別愛用「好心人」的口吻提醒別人：「某某人的城府很深，你最好小心一點，有任何關於這個人的消息，都要先來跟我商量，才不會吃虧上當。」

表面上是「爲你著想」，實際上是「吸收眼線」，當你接收他的情報和忠告之後，自然成爲「情報網」的一員，開始爲他打探消息。

練就「反探聽」的技巧

有些時候就算你不想成爲別人的「消息來源」，但因身處「情報交換中心」，便很難脫離是非圈。

一個在美容院當經理的朋友即深受其苦，常常會有顧客或記者用好奇的語氣問他：「聽說某某名人在你們這裡設計髮型，你覺得他本人大不大牌、難不難搞？」

從事服務業，最忌諱洩露顧客的隱私，基於專業倫理的考量，自然不能把客戶隱私當成茶餘飯後聊天的話題。也因此，朋友練就一身「反探聽」的本領，先四兩撥千金的回答：「眞的嗎？我倒沒有這種感覺。」接著立刻轉移話題，不能有半秒遲疑，否則即會提高對方探聽消息的慾望。

私下偷聽再運用想像力拼湊出「驚人消息」

不過，會開口打探消息的人，還算是好應對的，最怕那種自己私下偷聽，再運用想像力拼湊出一則「驚人的消息」，並且完全不經求證就到處散播的人。

捕風捉影型的探聽者，最愛往「情報交換中心」跑，像是美容院或公司的茶水間，隨便聽到幾句聊天的閒話，或看到別人不經意的表情，就能解讀出一則有意義的消息。

擔任服務業顧問期間，常會被迫處理這種狀況，曾有客人無意間聽到鄰座的名人講電話的口氣欠佳，好像在跟對方吵架；不久之後就傳出「某人婚姻失和，與丈夫快要離婚」的負面消息。

更可怕的夢魘是，大家在追查「消息來源」時，往往只記得「在哪裡聽說的」，而忘記了「是誰說的」，讓人不勝其擾。

打探消息的背後動機

何以會有人這麼喜歡打探消息？多年經歷累積，我找到三個打探消息背後的行爲動機。

一、對環境有強烈的不安全感

打探消息的人渴望知道別人都在做些什麼？有沒有任何不利於自己的消息？希望能藉

著打探消息，掌控所有的人事物。

二、非常在乎「別人對自己的看法」

打探消息者爲了知道有沒有人在背後說自己的壞話，他們會到處撒網：「若是你聽到有人說我什麼，一定要告訴我，這樣我才有改進的機會。」花這麼多心力收集「別人對自己的看法」，其實是很耗損能量的，如果聽到負面的消息，就會變得更焦慮，形成負向循環。

三、想要凸顯自己的重要性

一旦環境中有什麼風吹草動，大家便會主動跟他們打聽消息，無形中成爲「情報中心」，會讓打探消息者覺得自己很重要、很有影響力。

碰到打探消息的人，最好選擇建設性的回應，也就是提供正面消息，只說對公司或當事人有好處的事情，同時過濾「負面消息」，聽到不利自己的消息，也需要查證再查證，以免被人操弄而不自知。

換個說法：「打探消息」轉為「自我揭露」

「打探消息」與「關心別人」，最大的差別在於「會不會跟別人分享自己的事情」，以及「有沒有給別人認識自己的機會」。

我們每個人都會對別人產生好奇心，想要知道對方在做些什麼？渴望了解對方的興趣是什麼？期待明白對方的家庭背景爲何？不過，「探問」的目的是爲了跟對方建立關係，產生心理的親密感，而非純粹的「收集情報」。

假如不想成爲一個「負向打探消息」的人，不妨多跟別人分享自己的心情、想法與現狀。心理學稱這種說話技巧爲「自我揭露」，當別人訴說其際遇時，可以適時提及：「我也有過類似的經驗……」，或是聽完別人的心情故事時，接著分享自己的：「我也有過那樣的感覺……」，「自我揭露」除了可以拉近彼此的關係，還可以提供對方不同的意見與做法，是很有建設性的。

樂於分享，才能建立長期的人際關係；而打探消息，只會讓別人築起戒心。到底哪種說話方式可以帶來幸福安全的人生，很容易區分得清楚。

喜歡套話的人

□這次你加了多少薪？

□你還跟某人在一起嗎？

□如果你有什麼難言之隱，就當我沒問過。

□總經理這麼看重你，恭喜你要升官了。

上面這些話語聽過或說過嗎？如果有的話，代表裡面可能藏著「套話法」。

人際互動的過程中，想知道什麼事情就直接發問，屬於直接溝通；但有些人不會直接發問，他們喜歡設下陷阱來套別人的話。

通常愛套話的人「疑心病」都比較重，「嫉妒心」也比較強，他們常會在心裡暗暗盤算別人可能得到什麼好處，越想越不安心，便忍不住去套別人的話。

而在套別人話之前，他們多半會先觀察對方的行爲，揣摩對方的個性，再將「套話法」包裝於問話中，讓對方毫無戒心的說出他們想要知道的答案。

常用的「套話法」

■把「猜測中的事情」變成「已經知道的事實」

有一個很常用的「套話法」是，把「猜測中的事情」變成「已經知道的事實」。套話者問話的口吻，就彷彿自己早就知道全部的實情，現在只是來跟你求證一下罷了。舉例來說，如果他們假設老闆給你加薪，他們不會直接問：「老闆是不是給你加薪了？」而會拐個彎問：「這次你加了多少薪？」倘若你不假思索說：「沒多少。」就表示老闆真的給你加薪了。

如果他們假設你的情人是某某人，他們不會直接問：「某人是不是你的男朋友？」而會貌似關心地問：「你跟某某人還在一起嗎？」不管你回答是或不是，都能套出他們想要的答案。

如果他們想要知道你和情人交往到什麼程度？他們不會露骨地問你：「你和情人上床了沒？」或是「你們的親密關係進展到什麼程度？」而會技巧地問：「你都有用保險套吧？」這種問題真的很難回答，回答沒有，他們會笑你「性知識不足」；回答有，又落入他們的套話陷阱；只好板起臉來回話：「我不喜歡討論個人隱私。」

像我也很常遇到有人會問我：「某人是不是你的個案？」我都會避免陷入回答「是或

不是」的套話陷阱中。

激將套話法

另一種套話的技巧是，套話者會用溫暖而理解的口氣說：「如果你有什麼難言之隱，就當我沒問過。」或是好心的提醒對方：「要是不方便說，就不要勉強。」這樣的講法，反而會讓人覺得自己不夠開放，反而想要解釋清楚，不然就代表自己有「難言之隱」或是有「不得已的苦衷」。

無論對方是套話，還是關心，從心理的角度來說，要開放自己的隱私給別人，最好都在自己做好準備的狀況下，如果沒有準備好就說出隱私，事後可能會覺得不安，讓自己陷入懊惱的情緒中。

恭賀套話法

把「想問的事情」包裝在「祝福的賀詞」裡，很容易讓人產生陶醉感，糊里糊塗說出檯面下的暗盤。

譬如說，有些同事會爲你的成就高興：「聽說你最近加薪五千塊，深獲老闆賞識。」或是說：「總經理這麼看重你，是不是要升官了？」或是用羨慕的語調說：「恭喜你，快當經理夫人，到時候可別忘了我。」

雖然表面上的語言很正向，但是內心的動機可能是負向的：覺得老天太不公平，老闆太沒眼光，為什麼加薪、升官的人不是自己。

套話背後的心理

不少喜歡套話的人，都很少會當眾「自我揭露」，他們害怕被人看穿其真正的心思。對他們而言，「暴露自己的想法」就像「沒有穿衣服」一樣令人不安，所以，他們愛拐彎抹角地說話，以免別人看穿他們的心思。如果只是不敢直接詢問，其實無妨，比較難處理的是，通常被他們套出話後，他們就會根據這些話去謀取自己的利益，讓「不小心被套出話來」的人不知道該如何善後。

有個朋友曾經碰過這樣為難的處境，有次聚會，一個中等交情的人問朋友：「你這麼有知名度，演講價碼一定很高。」朋友立刻回答：沒有很高，大概只有多少。之後沒過多久，就有合作的演講單位來跟朋友說：「請不要對外公布講演價碼，這樣會造成困擾。」演講單位沒有說明原由，但朋友馬上知道發生什麼事情，因為這個用「套話法」讓朋友說出演講價碼的人，馬上很開心的來感謝朋友說：那個演講單位也來邀約他，好在朋友跟他說了行情，他才能拿到「行情以上」的演講費用。

爲了避免將來左右爲難，凡是碰到有人詢問薪水、價碼等問題，還是要小心應對，先了解對方套話背後的動機，然後回覆安全的答案：每個人的狀況都不同，由主辦單位決定。

不小心套出意外的真相

但也有些人根本不必別人費心套話，自己就主動招供。

有個男性朋友覺得女友近來的行爲舉止「怪怪的」。基於關心，他開始留意女友的行蹤，擔心對方有心事不說出來，一個人獨自承擔煩惱。

一天傍晚，女友特地打電話告訴他：下班後要回家吃飯，不必去公司接送她。這個反常的舉動，讓他直覺不對勁，便藉機套女友的話：「妳昨天下班後眞的回家吃飯嗎？我在妳家外面怎麼沒看到妳的鞋子？」

不料心虛的女友立刻跟他招認，目前還跟另外一個人交往，請他原諒自己的三心二意。

由於「套話」很可能會套出「自己不想知道的眞相」，因此套別人話前，最好先做點心理準備，以免心靈過度震驚，無法承受眞相。

換個說法：「套別人話」換成「釐清狀況」

喜歡套話的人不妨先覺察「自我的內在動機」是什麼：何以明知那是別人的隱私，與自己無關，卻又急於知道答案？

究竟「答案」對自己的意義是什麼？認爲掌握答案就可以先發制人嗎？還是覺得掌握眞相即能準確通曉未來？

不少喜歡套話的人，都無法忍受不確定的感覺，爲了釐清眞相，只好扮演語言偵探，試圖套別人的話。

其實不用如此辛苦，倘若自己想要知道某件事情的來龍去脈，何不開誠布公直接詢問對方：

※「可以請教你一個問題嗎？」通常聽到這個問句，大部分的人都會很樂於幫別人解惑，會盡可能回答你的提問，比較不用擔心對方會拒絕回答。

※「有件事情我很想了解狀況，不知道是否可以請教你？」只要提問時態度謙虛、眞

誠，大多數人會願意協助你釐清事實眞相。

※ 或是說明：「了解狀況對自己的幫助是什麼？」這樣即使對方有難言之隱，也會告之原因。

更何況，有些時候別人隱藏眞相，是爲了製造驚喜，想盡辦法套出結果，有時候反而壞了好事。

假傳聖旨的人

□媽媽說她最疼我了，如果你敢打我，我就去告訴媽媽。

□最近你請假太多，老闆很不高興，你最好注意一點。

□老闆說你怎麼樣。

□昨天我跟老闆吃飯的時候，無意中聽到年底裁員的名單，沒想到你也在上面，與其將來被公司解雇，不如現在自己辭職，面子上不會那麼難看。

上面這些話語聽過或說過嗎？如果有的話，就代表可能有「假聖旨」藏在裡面。

小時候兄弟姊妹吵架，吵輸的一方為了扳回氣勢，常常會搬出父母為自己撐腰：「媽媽說她最疼我了，如果你敢打我，我就去告訴媽媽。」

除了會假借父母的威嚴來增強自己的氣勢外，有些小孩碰到不喜歡做的事情，也會假傳父母的聖旨：「剛才爸爸叫你去倒垃圾。」不費吹灰之力就把工作推給別人去做。

長大之後，當一個人想要達到「嚇阻同伴」的目的時，也常會使出假傳聖旨的招數。

舉例來說，明明是他對你不滿意，卻借老闆之口來教訓你：「最近你請假太多，老闆很不高興，你最好注意一點。」其實老闆根本沒有說過這句話。

還有些人會利用假傳聖旨的方法，來剷除競爭對手。我認識一個朋友就差點被「假聖旨」騙到失去工作。這個朋友工作態度認眞但個性卻很被動，有天中午，突然有個同事跑來找他吃中飯，他心裡雖然覺得很奇怪，口頭上仍然爽快答應對方的邀約。

飯吃到一半，同事先是若有所思地看著他，接著又低頭吃自己的飯，逼著他不得不問對方：「你是不是有什麼事情要告訴我？」在他的追問下，同事才向他坦白：「昨天我跟老闆吃飯的時候，無意中聽到年底公司裁員的名單，沒想到你也是『黑名單』上的一員。我是爲你好才偷偷跟你說，與其將來被公司解雇，不如現在自己辭職，面子上不會那麼難看。」

爲了保住薄薄的面子，朋友決定主動遞出辭呈，不料老闆收到他的辭呈後，竟把他叫進辦公室，用非常驚訝的口氣問他：「做得好好的，爲什麼要辭職？」朋友才知道自己被「假聖旨」騙了。

分辨「眞聖旨」還是「假聖旨」

假傳聖旨的人往往會借助威嚴人士增強自己的氣勢，既可達到嚇阻同伴的目的，又可打擊異己，剷除競爭對手。

通常假傳聖旨的人會有下面這些行爲：

※一旦離開強者的羽翼，假傳聖旨的人就變得很沒安全感，深怕會被別人欺負，爲了依附權勢獲得保護，他們會刻意討好有權有勢的人。

※對上、對下有明顯的差別待遇，從應對態度到說話措詞，都完全不同。

※若是發覺靠山失去優勢，假傳聖旨的人很容易見風轉舵，會去尋求更具份量的靠山，來爲自己撐腰。

要分辨「眞聖旨」還是「假聖旨」？有個簡單的分辨方法，如果這個同事眞的爲了朋友好，會提醒他要注意哪些地方，會協助他工作進展順利，會引導他怎麼調整工作方向，而不會請他自動辭職。

利用別人「害怕權威」的心理

或許有人會納悶，難道假傳聖旨的人不怕被別人揭穿嗎？

事實上，假傳聖旨的人若沒有一點把握，也不敢如此放肆。眾所周知，犯案者在採取行動前，都會先勘察地形，熟悉一下環境；假傳聖旨的人也一樣，當他們決定行動前，多半會先觀察對方一段時間，以了解對方的行爲反應和個性弱點。

如果被他們發現，你很怕跟權威人士互動，譬如很害怕跟父母、老師、上司打交道，看到上司遠遠走來，就會想辦法避開；和權威人士講話，就會不由自主舌頭打結；或是從來不敢忤逆上司長輩的意見；那他們便會利用你「害怕權威」的心理，假借權威人士之口來指使你做事，或是爭取他們想要的東西。

而且，他們也很清楚，就算你心裡不願意，也不敢去查證眞相，會乖乖照著他們的話做。

有時候連不認識的人都可能會假傳聖旨，有次去一家知名賣場買東西，結完帳出來開車要離開時，有一名工作人員堵住我的去路說：「我們上司要我來告訴你，你停車超過時間，要跟你多收一百元。」聽完他的話，直覺告訴我，他在假傳聖旨，於是我拿出發票，告知我沒有超過停車時間，同時請他找那位上司出來，我自己跟上司說明，接著這位員工立刻讓我離開，並且一直跟我強調：「這種小事不用麻煩上司下來。」然後人就不見了。

因此，當聽到「上司、老闆說你怎麼樣」這句話時，不管對方跟老闆的關係親疏，最好都去查證一下「聖旨」的可信度有多高？假如實在找不到管道了解眞相，不妨直接去問老闆：「最近對我的工作表現有沒有什麼建議？」如果老闆眞的對你有意見，那老闆就會把握機會給你上一課；屆時你自然會知道老闆眞正的想法是什麼。

在得知對方假傳聖旨時，不必氣急敗壞當面揭穿假聖旨，只要態度輕鬆自若地告訴對方，最近你和權威人士互動很多，相信對方自然會收斂行爲。

換個說法：將「假聖旨」換成「對人的信賴感」

當假傳聖旨的人失去靠山撐腰，通常就會變得很膽小，因此要轉換說話的方式，首先要建立對人們的信賴感，以及對環境的安全感，相信自己不需要藉由強權來攻擊別人，依然可以達到目標，獲得自己想要的東西。

一般而言，假傳聖旨的說話方式，都是在感受自己「弱小無助」的狀態下養成的，所以，如何讓內心那個「弱小的自我」長出力量來，可說是改變成功與否最重要的關鍵。

試著告訴內心那個弱小的自我：「不用再害怕了，我已經長大成人，擁有足夠的力量來保護你。」感覺自己有能力保護自己，感覺自己有能力得到想要的東西，無須再假扮權威人士，才有可能發展出健康成熟的人格。

PART 5

暗藏危險與死亡訊息的語言

Observe people by speaking

哪些話透露自我傷害的訊息？

□活著好累。
□沒救了。
□活夠了。
□再也快樂不起來。
□活得很沒有意思。
□這個世界多一個我、少一個我也不會怎麼樣。
□你是這個世界上我最後講話的人。
□你會不會看不起跳樓的人。
□我聽到一個聲音叫我去死。
□我真的不想回去。
□我不想去上課。
□我想跟他一起走。

□我撐不下去了。

□我找不到存在的意義。

□這個世界不公不義。

聽到上面這些話的時候，可能需要啟動「危機處理」的模式。

當一個人有「想死的念頭」時，可能直接以話語表現出來，也可能透露在所寫的FB、文章、筆記中表現出來。

感覺沮喪無助的時候，常會出現下面這些肢體語言和行爲模式：不斷重複某幾個句子，譬如：「沒救了」、「活著好累」、「做人眞難」。聽到身邊有人講這些話的時候，要特別注意他的行爲舉止，情況嚴重時最好不要讓他單獨一人。

若身邊的人會經常沒來由的嘆氣、搖頭、聳肩，顯示其沮喪的心情，已經轉化爲無力的肢體語言，不妨適時關心他們的生活和情緒。

透露危險訊號的行為

下面這些行爲，可能透露出危險訊號，要多留意對方的一舉一動：

※突然出現明顯的行爲改變，譬如說天氣很熱，卻堅持穿長袖衣服。
※出現相關的行爲問題，譬如，沒有交代就離職，無緣無故獨自去散心。
※放棄個人擁有的財產或喜歡的東西，如將心愛的寵物送給別人，將收集多年的珍藏轉送給別人。
※突然增加酒精或藥物的濫用，憂鬱又借酒澆愁，酒醒時情緒會更低落，或是邊喝酒邊哭泣，很多憾事都發生在喝酒後。
※從社交團體中退縮下來，原本喜歡與人互動，突然封閉起來。
※明顯出現憂鬱的徵兆，感覺生命沒有意義。
※顯現出不滿的情緒，常會強調這個世界不公不義，沒有正義可言。
※睡眠、飲食習慣變得紊亂，失眠疲倦，身體不適，半夜睡不著獨自起來坐在陽臺吹風。

憂鬱肢體語言和行為模式

憂鬱時會出現下面這些肢體語言和行爲模式：

※整天沒精打采、垂頭喪氣，做什麼事情都提不起勁來。

※動作變得很緩慢，或是生活懶散，失去照顧自己的能力。
※注意力不集中，記憶力變差，甚至對周遭的事物都漠不關心。
※食量改變，可能食不下嚥，也可能食不知味，無意識的吃東西。
※孤立、封閉自己，什麼事情都放在心裡，不跟外界溝通，事實上內心充滿絕望的感覺，渴望別人能夠了解其痛苦，主動伸出援手。
※無緣無故想哭，臉部肌肉放鬆下垂，沒辦法控制自己的情緒。
※常常會出現傷害自己的念頭或是聲音，如有個聲音一直跟他說：你從這裡跳下去。

由於憂鬱是自我傷害的高危險群，如果聽到身邊有人說過上面那些語言，要認眞看待這些訊息，一方面對他表達出關切，同時也要把自己心中的疑慮或不安告訴其他人，跟其他夥伴商量討論怎麼協助憂鬱者比較安全，盡量不要自己一個人處理，以免心理負擔過重。

當身邊有人自我傷害時避免說的話

■避免否認對方想要自我傷害的真實感受

「你不會這樣做，那不是你的意思吧！」

不要被嚇到了

如果受到驚嚇，可能會慌了手腳，反而不能有效的協助。

避免責備或羞辱對方

「你眞是不孝。」

「你只會逃避問題。」

「自殺是懦夫的行為。」

「你怎麼那麼笨。」

諮商的過程中，很常聽到家人用激烈的語言怒罵自我傷害者，所以，當他們擔心的跟我說：是否可以不要通報家人？我會先了解原因後，再通報對當事人有幫助的親人朋友。

避免論斷自我傷害是對或錯

「你這樣做對嗎？」

這個時候評價他們的行為，只會讓他們對自己的感受更負向，無須論斷是非對錯，可以表達他對你很重要，可以跟你說發生什麼事情，你會陪著他一起。

■避免用激將法挑釁對方去自我傷害

「不要光說不練，有種你就去死。」

「不想活，就去死，沒人攔著你。」

「你一直說想死，也沒有去死。」

上面這些話都是我曾經聽過的，有時候眞的覺得不可思議，當家人陷入絕望的深淵，父母親友再說這些挑釁絕情的話，用意是什麼呢？或許家人也有情緒，雙方都先鎮定下來，再慢慢互相理解彼此的痛苦。

■避免嘗試替對方做心理分析，或解釋他的行為

「你只是想要威脅家人，報復家人。」

這個時候，要思考的是，如何讓他們承諾：不再傷害自己，產生活下去的動力。

■避免假設把企圖自我傷害者單獨留在家裡或某個地方不會有什麼問題

想要自我傷害的人可能會安慰親友：我沒事了，比較好了，你們可以先去休息了。這個時候可以跟他說：「我就在這裡陪你。」

■避免把自殺工具留在企圖自我傷害者拿得到的地方

要把家中所有可能的危險物品都拿走，以免激發他們傷害自己。

若對方失去所愛的人、寵物或失去自尊，不妨關心他的感受，避免跟他說：「不要想太多、不要難過。」

如果判斷可能有危險，要相信自己的判斷，避免跟自己說：「應該是我太緊張了、太大驚小怪。」

盡可能陪伴他們，避免讓他們落單，陪伴時不一定要不斷說話，可以靜靜在一旁，適時關懷一下狀況。務必尋求心理專業人員的協助，積極參與心理治療的過程，必要時最好住院治療。

哪些話語透露暴力傾向？

□你絕對不能離開我。

□要是真的沒什麼，跟他講話幹嘛靠那麼近？

□沒辦法，我太愛你了。

□少跟行為隨便的人在一起，免得被帶壞。

□我被陷害了。

□我現在有打你嗎？

□沒什麼大不了，我只是輕輕推對方一下。

□我真的不是要傷害你。

□我不是故意的。

□誰叫你老是不聽話。

□根本沒這回事，對方說謊。

□這些都是造假的。

□我喝醉了，不知道發生什麼事情。
□我太生氣了，一時失控。
□如果你不惹我，我不會動手。
□我要讓你付出對不起我的代價。

上面這些話聽過或說過嗎？裡面可能躲藏著危險的暴力因子。

自從跟翰林墜入情海後，詩詩覺得自己每天都被強烈濃郁的愛所包圍。嚴格算起來，詩詩跟翰林認識還不到二個月，但一切的進展都好快速，翰林常會情不自禁對詩詩說：「我眞的好愛妳，不能沒有妳，妳絕對不能離開我。」聽到翰林的愛的表達，起初詩詩只是嬌羞的回應：「我也愛你。」

翰林的眼中似乎只有詩詩，一下課就馬上來找詩詩，然後兩個人一起吃飯、一起念書，沉浸在兩人世界中。如果詩詩有任何同學朋友的聚會，翰林也會要求共同前往，不知道爲什麼，翰林特別愛在同學的面前展現親熱的肢體語言，讓詩詩覺得好不自在；當詩詩希望他愛得低調一點，翰林就會說：「沒辦法，我太愛妳了。」

沒過多久，詩詩幾乎所有的行程都要跟翰林報備，而且每到一個地方都要開視訊，讓翰林知道自己人在哪裡，有誰在場，在做什麼，倘若忘了開視訊，翰林便會發飆罵人，讓詩詩覺得壓力好大。

雖然詩詩已經盡可能配合翰林的要求，但翰林卻變得越來越愛生氣，最近一次翰林氣到摔東西，是因爲詩詩下課時跟男同學討論報告內容，讓詩詩覺得好委屈，可是不管詩詩怎麼解釋：「我們只是討論報告，眞的沒聊什麼。」翰林依然無法接受，並且認爲：「要是眞的沒什麼，講話幹嘛靠那麼近？」

爲了「證明自己的愛是專情的」，翰林規定詩詩「不能跟男生聊天」、「不能穿太短的裙子」、「避免參加人群太多的活動」、「少跟行爲隨便的人在一起，免得被帶壞」，在翰林的認知裡，假如詩詩凡事乖乖聽話，兩個人根本就不會吵架，都是因爲詩詩行爲偏差，他才會管詩詩，還不斷強調：「這是爲了妳好」，一切都是因爲「太愛妳了」。至此，詩詩開始覺得翰林的愛充滿窒息感，讓她喘不過氣來，但卻不知如何是好。

表面甜蜜暗藏危機的愛情語言

在熱戀階段，有些愛情表面甜蜜，背後卻暗藏危險，很容易誤入幸福陷阱，讓人動彈不得。諮商過程中，我發現常見的「幸福陷阱」有下面幾種：

■「幸福陷阱」：眼裡只有情人

剛開始會覺得自己是對方最重要的人，但這其實代表對方「佔有慾」強烈，「排他性」很高。「佔有慾」往往來自於成長過程，或是極度害怕分離，或是感情曾經受挫，或是缺乏被愛，無論是哪一種原因，留下來的都是極度恐懼，害怕情人被別人搶走，擔心自己被人拋棄。爲了讓自己安心，只好規定情人「不能跟別人互動」，並且要確實掌握情人所有行蹤和行爲。

「佔有慾」強烈的人常會美化自己的霸道，不管情人的喜好需要，堅持凡事按照自己的方式進行，採取高壓的方式強迫情人順從自己，全面性霸佔情人的身體、時間、注意力。

想讓「佔有慾」強烈的情人安心，不妨先了解相處過程中有什麼讓他擔心的地方？然後再說明：「我很喜歡跟你相處，但偶爾也希望能跟朋友互動，這是不一樣的感覺，如果可以，我也歡迎你跟我朋友一起聚會。」或是直接詢問他：「有沒有什麼更好的方式，你可以放心，我也能處理其他事情。」要是發現對方無法溝通，完全沒有調整的可能性，就要提高警覺，對方會變成危險情人。

■「幸福陷阱」：不能沒有你

「被需要」的感覺雖然甜蜜，相對的，也意味對方屬於「依賴型」的情人，情人從情緒到生活，凡事都需要你的安撫與打點，過度涉入情人的生命議題，久而久之，就會變成沉重的負擔。

通常，很容易掉進「幸福陷阱」的人，大多會幫情人合理化傷害自己的行爲：「他其實沒那麼壞。」「他太愛我了。」「他一時衝動。」傾向爲情人負起不必要的責任，甚至把不好的結果連結到自己身上：「都是我不好。」「都是我惹他生氣。」要避免踏入陷阱，就要重視自己的感受，不再忽略危險線索。

會以暴力解決感情問題

會以暴力解決感情問題的人，多半無法跟人建立親密關係，談戀愛時總是處於高度的分離焦慮，內心不安的感受會轉變成激烈、多變、控制的交往模式。如果情人不順從，這些人就會出現憤怒、防衛的反應，甚至不惜殺害所愛的人，以免自己受到傷害。

■合理化自己的暴力行為

如果暴力傾向的人抱持「受害者心態」，當對方指出他的暴力行爲時，他會認爲：「我被陷害了。」或是覺得：「我被誤會了。」他們的注意力只放在「自己受到的傷害」，而無視於別人身心受到的巨大創傷。

也有很多暴力傾向的人會淡化處理自己的暴行：「沒什麼大不了，我只是輕輕推他一下。」像我就碰過，將另一半打到頭破血流的人，仍然不承認自己動手傷害對方，只願意承認：「我輕輕推他一下，是他自己去撞到頭的。」

有些暴力傾向的人會不斷強調自己「無負面意圖」：「我眞的不是要傷害他。」或是「我不是故意的。」似乎認爲只要自己不是有意的，就不會對別人造成傷害。

有些暴力傾向的人會「自我表達」，爲暴力行爲找到正當理由：「他老是不聽話。」言下之意是，若不照著自己的意思做，對方就是討打。

有些暴力傾向的人會指責對方：「如果對方不惹我，我不會動手。」

通常會有上面這兩種觀念的人，多半其他的家庭成員也有類似的想法。譬如說，當兒子把媳婦打得渾身是傷，婆婆看到後，非但沒有告知兒子使用暴力是不被允許的，反而質問媳婦：「你是不是做了什麼事情惹他生氣？」或是跟媳婦強調：「你就凡事依他不就沒事了。」表面上好像在保護媳婦，實際上是縱容暴力蔓延。

有些暴力傾向的人會「否認」自己的暴行，他會跟記得暴行的人說：「根本沒這回事，你說謊。」甚至威脅對方：「沒有這回事，你不要亂說。」

諮商的過程中，聽過太多暴力份子爲了掩蓋自己的暴行，所說的防衛性語言，像是：「我現在有打你嗎？你說的都是謊話、造假的。」

有些暴力傾向的人會把自己的暴行推給酒藥癮：我喝醉了，不知道發生什麼事情。如果知道自己喝酒後會有暴力行爲，就需要避免喝酒，而不是藉著喝酒發洩情緒，任由自己傷害別人。

有些暴力傾向的人會承認自己失控：我太生氣了，一時失控。雖然知道自己失控，可是，卻沒有控制自己的暴力行爲。

■處理暴力憤怒情緒的技巧

要跟有暴力傾向的情人安全分手，需要鎮定下來，先了解他們的內心世界，包括：

※應對方式：施暴者對別人的指責是什麼？

※觀點想法：施暴者生氣的想法是什麼？

※提出期望：施暴者對別人有什麼期望但沒有實現？

※內在渴望：被接納、被尊重、歸屬感、愛、親密？

※核心自我：施暴者會對自己說些什麼？嘴裡、心裡唸的是什麼？

通常會有暴力行爲的人，往往內心都隱藏大量不平衡、羞恥感，覺得自己是個沒有能力、沒有人要、沒有價值的人，爲了對抗「自我鄙視」的感受，他們會脫離現實，變成自己行爲的旁觀者，他們的思考邏輯大都奇怪而冷漠，很難用言語跟別人和自己表達受傷害的感覺。當內心的羞愧感轉化成憎恨感，就會有潛在的危險攻擊行爲。同時，報復心強的人在談戀愛時，往往會用病態的方式來宣示主權，例如拍攝對方的不雅照片等等。

不過，在此特別提醒被暴力傷害的人，即使了解暴力情人的成長歷程、內心世界，但是要改變他們暴力行爲，還是超過自己的控制範圍，有時暴力並不是用愛意就能轉化的。

要避免使用暴力行爲的人再傷害別人，最重要的是帶領他們省思自己的內心世界，可以用語言表達情緒，更能了解別人的感受，開始爲別人著想，而不是只想合理化自己的行爲：「誰叫對方要先對不起我，不然我也不會傷害他。」深刻體認自己對別人的傷害，才有可能改變暴力行爲。

哪些話暗藏致命殺機？

- □我這麼喜歡你，你怎麼可以不喜歡我。
- □這是最後一次，我以後不會再煩你了。
- □如果你想要拿回親密照，就要再跟我發生關係。
- □我要讓你付出對不起我的代價。
- □如果敢離開我，就要讓你的家人好看。
- □如果你離開我，我就放火燒你們家。
- □我不用跟你們說那麼多，我自己知道就好。
- □只有我可以跟你分手，你不能跟我跟手。
- □離開我之後，你再也得不到幸福。
- □我得不到的東西，絕不讓別人輕易得手，否則就以流血方式收場。
- □先傳很多凶殺案的新聞連結給對方，同時威脅：「下一個就是你。」
- □我要讓你的孩子沒有媽媽。

□殺了媽媽後說：「孩子沒有媽媽很可憐。」

□我沒有辦法給其他男生照顧我們的孩子。

□我不知道該怎麼做，我只是想要逼他出面而已。

□殺人後說：「這次做的不完美。」

上面這些話語聽過嗎？裡面可能暗藏致命殺機，最好不要忽略，要及時採取安全的措施。

愛情在各個不同的階段都有可能會暗藏危險殺機，第一個階段是告白示愛的時候，追求者想要認識心儀的對象，主動追求者要承擔的壓力，自然大於被動等愛的人，追求者要冒著「主動追求卻不一定會成功」的風險，不只要經歷等待的忐忑心情，也要忍受被對方拒絕的挫折感。

但若追求者的心理特質是屬於「內心很自卑，外表很強悍」的人格，當對方沒有接納他的感情，答應跟他交往的話，被拒絕的挫折感就可能會瞬間產生強大的自卑感，轉而使用強硬、脅迫的手段來傷害原本心儀的對象。

追求被拒點燃殺意

追求被拒點燃殺意的案例其實非常多，追求者大多默默暗戀心儀者一段時間，然後展開示愛的行爲，跟蹤對方，到教室門口站崗，守在對方家門口找機會跟對方告白，當對方表明不願意接受他的情意時，便突然拿出預先準備的武器，攻擊或傷害對方。

也發生過同社團的學長跟學妹長期相處後，慢慢對學妹產生好感，於是趁著學妹落單時跟學妹告白，即使學妹告知已經有男友，仍然使用暴力把學妹置於死地。

這些悲劇的背後殺機，還可能伴隨性的衝動，性跟攻擊常會連在一起，要特別的小心。

性的驅力引發殺機

另一個暗藏殺機的狀況是發生在「求歡被拒」的時候，爲了達到目的，他們會想各種合理的藉口邀約受害者，如拍照或幫忙，再處心積慮把受害者灌醉或下藥，讓受害者無法自由行動。

曾經發生在台北知名草原的分屍案，殺人者無論是興趣或嗜好都偏愛有攻擊性的活動，酷愛刀箭、製作標本，會將活生生的動物變成沒有生命的標本，這是一種蒐集戰利品的概念，慘案發生時殺人者除了將受害者肢解分屍外，還把對方的胸部割下來泡在福馬林做成標本。

不少奪人性命者的人格特質都傾向冷血鎮定，他們對刺激的需求比較高，一般人看到血會害怕，但他們看到血反而會有快感。這樁分屍案的兇手還曾經說過：「這次做得不完美。」聽到這句話讓人不寒而慄，因爲在國外有連續殺人者也曾說過這句話，他們會爲了設計「更完美的犯案過程」，而再度殺人，如果警方沒有及時破案，不排除他也有可能發展成連續殺人犯。

孤僻妄想的暴力者

有些時候，殺機就無聲無息躲在身邊，剝奪別人生命者是社會適應不良的孤僻妄想者。下面分享一個根據妄想者邏輯寫的故事。

除了上課以外，文雄大部分的時間都待在自己的房間裡，看電腦、聽音樂、看影片、做白日夢，他很少跟家人互動，家人也不太關心他在房間裡面做什麼。

在學校裡，他亦沒有什麼談得來的朋友，因爲文雄不願意跟關心他的同學解釋自己的想法，他會跟同學表示：「我不用跟你們說那麼多，我自己知道就好。」如果有同學試圖糾正他的行爲，他就會有明顯的生理反應，從脖子以下都是紅通通的。同學私下聊天會形容文雄是個「怪怪的人」，完全不知道他在想什麼。

從大一開始，他就很喜歡班上一位女同學倩宜，他常會偷偷跟在倩宜的後面，觀察倩宜去做什麼，跟什麼人在一起。下課的時候文雄也會假裝自己在看書、滑手機，其實是默默聆聽倩宜跟同學聊天的內容。

愛做白日夢的文雄常常會陷入魔幻的奇想中，文雄會上網追蹤倩宜的一舉一動，然後把所有收集來的訊息轉化成：「我是最關心倩宜的人，沒有人比我更懂她、更了解她。」在文雄的世界裡一切的遊戲規則都按照他想要的方式運轉，他想像倩宜對自己微笑，就代表倩宜也想跟自己做朋友，於是他就傳 Line 給倩宜：「做個朋友吧！」但卻等不到倩宜的回覆，文雄心裡計畫著：「倩宜不好意思跟男生說話，我只好用讓她不會感到害羞的方式當面問問她。」

而文雄想出讓倩宜不會感到害羞的方式，就是讓倩宜暫時失去意識，這樣就可以跟倩宜好好聊聊天了。事情的發展跟文雄奇幻世界的運轉完全不同，倩宜並沒有暫時失去意識，反而大聲尖叫逃離現場，驚動警方來找自己談話。

無法區分現實與虛擬的陌生殺人者

鳳凰花開的畢業季節，一個漂亮優秀的女孩正忙著打包行李，準備返家展開新的人生，這個時候有個陌生的鄰居過來表示可以幫忙搬運重物，女孩不知道他別有用心，之後對方跟女孩要聯絡電話，希望可以畢業後繼續聯絡，女孩沒有答應對方的要求，結果對方回到自己的住處，拿了一把尖刀下來，看到女孩的電話擺在桌上，沒有經過女孩的同意就拿起來撥了自己的電話號碼，這樣他就可以知道女孩的電話號碼，被女孩發現制止他後，他隨即拿刀猛刺女孩，當女孩失去意識他還剪開女孩的衣服。

原本的協助者變成殺人者，當警方鎖定他到處尋找其蹤跡時，他還傳訊息給母親：「媽，我被襲擊，被困，我不曉得在哪裡？感覺像是鐵皮屋；別打手機，簡訊就好，我怕被發現，他說我不順從的話，你們也會有危險。」他還自導自演一齣被人綁架的劇情。警方接觸後發現，他似乎無法區分現實與虛擬世界的差別，缺乏人際互動的技巧，沒有什麼朋友，無法處理被拒絕的挫折感，莫名剝奪了一個美麗女孩的寶貴生命。

暴力威脅「如果你離開我，我就殺你全家」

還有病態的嫉妒心理也會暗藏殺機，下面是發生在周遭朋友身上的故事。

靜怡和男友相隔兩地。每逢周末假日，男友都會打電話叫靜怡立刻搭夜車去看他。有次靜怡南下約會回來，渾身都是瘀青，手臂上還有幾個被菸頭燙傷的痕跡，看得大家觸目驚心，焦急地問她：「發生了什麼事？」

在大家的追問下，靜怡的眼淚當下噴出，很委屈地說：「他覺得我不愛他，懷疑我有別的男朋友。」

「懷疑妳，就把妳打成這樣，簡直有虐待狂，這種沒人性的傢伙，快點跟他分手吧。」所有的人都激動地發出不平之鳴。

「不行，他知道我爸媽住哪，他曾經威脅過我，如果我敢離開他，就要讓我的家人好看。」靜怡憂心忡忡地說。

「妳別被他嚇到，他不敢這樣做啦！」說眞的，這群死黨中，沒有人碰過這麼可怕的情人，只好按常理安慰靜怡。

「他混過流氓，我知道他眞的敢這樣做。」靜怡說話的表情，彷彿親眼目睹過男友殺人。

從此以後，靜怡跟室友就再也不得安寧。靜怡的男友不斷打電話來恐嚇她：「如果妳離開我，我就放火燒你們宿舍。」在威脅的陰影下，每天晚上都有人做惡夢，夢見大家身陷火海，逃不出去的可怕畫面。大家最害怕的事情終於發生了，有天晚上，靜怡的男友突然出現在宿舍，他手裡拿著一把刀，目光凶惡地瞪著靜怡。爲了阻止他傷害靜怡，大家紛紛勸他：「冷靜一點，有話好說。」

這個時候，靜怡的男友慢慢地把刀子放在桌上，這時大家稍微鬆了一口氣，不料卻聽到他冷冷地對靜怡說：「如果妳眞的愛我，就把小指頭剁下來給我看。」

聽到男友的威脅，靜怡就像被催眠一樣，抓起刀子，便往自己的小指頭砍，當場血流如注，嚇壞所有的人。

有病態性嫉妒心理的人，喜歡控制別人，但自我控制力卻非常薄弱，會把自己的殘暴行爲歸因到對方身上，責難一切都是對方造成的，更會毫不留情的傷害對方，甚至剝奪對方生命。

分手挽回不成暗藏致命殺機

分手後想要挽回卻無法挽回時，往往會產生強烈的憤怒情緒，非常多的情殺案件都發生在這個時候，上面很多「暗藏殺機的語言」也都在這個階段：「我得不到，別人也別想得到。」「只能我提分手，別人都不能提。」，或是傳一堆凶殺案的新聞連結，然後跟對方說：「下一個就是你。」

「離開我之後，你再也得不到幸福」、「我得不到的東西，絕不讓別人輕易得手，否則就以流血方式收場」這兩句話背後可能隱藏著「毀容」的動機，以及懲罰報復的心理，劃花對方的臉，毀壞對方的魅力，目的是讓對方再也找不到所愛的人。

也曾經有案例因爲找不到已經分手的情人，而遷怒到朋友身上，認爲是朋友把情人藏起來，而不斷放話威脅：「我要讓你的孩子沒有媽媽。」後來眞的殺害朋友。

更讓人痛心的案例是，已經先殺害妻子，之後因爲覺得「孩子沒有媽媽很可憐」，甚至連孩子們的生命一起剝奪。

此外，在離婚的過程中也常會暗藏殺機，曾有殺了孩子再自殺的爸爸，因爲「我沒有辦法給其他男生照顧我們的小孩」，而殘忍奪走孩子的生命。

如果可以及早聽出語言中暗藏的殺機，或許可以及時避免悲劇的發生。

暴力威脅者利用別人的恐懼心理，達到掌控對方的目的

從事心理諮商工作後，我發現會以暴力威脅別人的人，多半經不起任何一點挑釁，只要被他們嗅到一絲絲的敵意，他們就會毫不留情地用暴力攻擊對方。

倘若你以爲他們的膽量很大，那就太高估他們了，他們通常只敢威脅自己治得了的人，喜歡看到對方柔順害怕的樣子，反而會讓他們覺得自己很有力量，他們就是利用別人的恐懼心理，達到掌控對方的目的，如果掌控不了，就剝奪對方的生命。

以威脅為手段的人

□你再不聽話，我就叫警察把你抓走。

□假如你不乖乖聽話，我就把你賣掉。

□如果你不乖，爸爸媽媽就會生病或死掉。

□如果你不愛我，我就死給你看。

□你再往前走一步，我馬上死給你看。

□如果你不照我的話做，我就揍你。

□如果你不跟我上床，就表示你不愛我。

□我要告死你。

□到時候法院見。

上面這些話聽過或說過嗎？如果有的話，就代表你已經被威脅了，需要小心而勇敢的應對。

在我們周遭，很多人都非常了解人性的弱點，知道如何利用人性的弱點，來強迫別人乖乖就範。

譬如不少父母喜歡用威脅的口吻教育小孩：「你再不聽話，我就叫警察把你抓走。」有些父母更兇，碰到小孩使性子，便口氣強硬地威脅：「假如你不乖乖聽話，我就把你賣掉。」

想想看，這些從小被威脅長大的孩子，長大以後會怎麼樣？

生命威脅：如果你不愛我，我就死給你看

大學時代，有次參加杜團活動，認識了一個外校的男生。這個男生打從第一眼看到我，就開始緊迫盯人，非但我參加什麼活動他都跟著參加，連吃飯的時候他都要搶坐在我旁邊。

過了一個禮拜飽受監視的日子，總算熬到活動結束，好不容易回到家，行李還來不及整理，他的追蹤電話就到了：「今天晚上有沒有空，要不要一起吃飯？」想也知道：我怎麼可能會答應跟他共進晚餐。

安靜了幾天，有天上課上到一半，突然聽到教授大聲斥責：「後面那個同學，你怎麼就這樣大剌剌走進教室，你當這裡是菜市場嗎？」

回頭一看，老天，竟然是那個男生，坐立難安挨到下課，那個男生嘻皮笑臉地走到我的面前，拿出一個蘋果說：「我特地送蘋果來給妳吃。」當場我眞想把蘋果丟還給他，讓我在老師同學面前如此丟臉。

惱人的是，不管我用什麼方法拒絕，他都不爲所動，某天下課回家，他赫然出現在我家門口，用布滿血絲的眼睛看著我，聲音顫抖地說：「如果妳不愛我，我就死給妳看。」

面對他突如其來的舉動，我嚇得拔腿就跑，看到我受到驚嚇，他又在背後激動地大叫：「妳再往前走一步，我馬上死給妳看。」

聽到這句話，我本能地跑得更快。回家之後，我越想越害怕，萬一他眞的死了，我該怎麼辦？懷著愧疚的心情，我每天都過得忐忑不安，正擔心他是否出事，他又打電話來，語無倫次地邊哭邊說：「妳這個冷血動物，我對妳那麼好，爲什麼妳不能接受我？」謝天謝地，他沒有死。

現在回想起來，我發現會以生命威脅的人，就是利用別人的愧疚心理，希望對方會因爲擔心他眞的尋死，而乖乖順從他的意思。雖然當時我嚇得驚慌失措，但總算沒有釀成悲劇，還算不幸中之大幸。

諮商的過程中，我發現有些父母爲了讓孩子聽話，會威脅孩子：如果你不乖，爸爸媽媽就會生病或死掉。

這個威脅很容易讓孩子產生高度的分離焦慮，爲了降低焦慮，有些孩子會發展出強迫行爲，例如不斷念某些祈求平安的語言，或是反覆做某些祈求平安的行爲，以避免可怕的事情發生。

分手威脅：如果妳不跟我上床，就表示妳不愛我

學生時代，以爲喜歡威脅別人的人，都很衝動不懂事。隨著對心理專業知識的增加，這個觀念需要做點修正，事實上，絕大多數的威脅者皆不會貿然行事，在採取行動之前，他們會先找出對方的弱點。

最常見的例子是，很多男生在威脅女生跟他上床前，都會先測試對方有多愛他？一旦被他曉得，對方已經愛到離不開他的地步，就會利用對方的愛心來威脅：「如果你不跟我上床，就表示你不愛我。」

威脅之後，如果情人依然無法滿足他的性需求，就會更進一步威脅：「如果你不跟我上床，那我們就分手。」

倘若在情人的威脅下，放棄自己的身體自主權，大多數的結果都是讓人感到遺憾懊惱的，因爲會威脅恐嚇別人者，多半對人缺乏同理心，他們只在意自己的利益慾望有沒有得到滿足，不太在意別人會受到什麼傷害。

訴訟威脅：我要告死你

諮商的過程，我發現很多人會用訴訟、法院威脅恐嚇別人，最常聽到的就是「我要告死你」或「到時候法院見」。

從心理角度來看「動不動就去法院提告別人」的人，當他們內心受到傷害，或是內心充滿挫敗感的時候，外在就會採取「去法院告對方的行爲」來獲得權力感，一方面想讓對方體會被傷害的感覺，另一方面則想要幫自己討回公道。

事實上，不斷威脅訴訟提告的行爲背後，都隱藏著報復心理，以及溝通不良的議題，只要他們懷有不滿、挫折的情緒，就會採取提告的行爲。

利用別人的恐懼心理

威脅恐嚇者多半很清楚，自己的一言一行會對別人產生什麼影響。當他們察覺威脅恐嚇會發生效力，或是知道自己佔有較高的優勢時，便會咬住機會不放，一而再，再而三地恐嚇別人，以獲取他們想要的東西。

所以，碰到以威脅爲手段的人，不要以爲只要照著他的話做，就會從此天下太平。越是表現得軟弱無力，對方就越猛烈攻擊你的弱點。想要平安無事，就要勇敢地和威脅者直接應對，但不是要和他對打或對罵，而是要想辦法掌控大局，不能讓他對自己予取予求。

威脅恐嚇者的性格側寫

※以威脅爲手段的人，多半信奉「利己主義」，佔有慾望強烈，凡是想要的東西，別人都不能擁有。

※喜歡對別人施加壓力，不但會利用恐懼心理控制別人的心智，還會恐嚇對方替自己做事。

※通常只敢威脅自己控制得了的人，所以會在行動之前觀察對方的弱點。

※習慣威脅的人，大都經不起任何挑釁，只要聞到一點敵意的味道，就會毫不留情的攻擊別人。

※一旦發覺威脅恐嚇能產生效用，便不會善罷甘休，會咬住對方不放。倘若對方不畏不懼、勇敢面對，反會讓威脅者大吃一驚。

※容易發怒，很少有正向情緒，很少爲自己的威脅行爲道歉，生活中最大的滿足感，就是看到別人卑躬屈膝、柔順膽怯的樣子。

如何應對威脅者的糾纏？

※設法讓威脅者鎮靜下來，降低對立的情勢。當然自己的情緒也不能太過激動，否則很容易火上加油，威脅者就像鯊魚一樣，最愛聞到充滿血腥味的衝突氣氛。

※若自己無法安撫對方的情緒，就要盡快對外尋求援助。這種情況就像商家對付上門勒索保護費的非法份子一樣，最好不要有花錢消災的想法，因爲花錢非但不能消災，反而會招致更大的災難，要避免被非法份子騷擾，唯一的辦法就是到警察局報案，請求警方保護。

要擺脫威脅者的糾纏，最重要是先克服內心的恐懼。當你發覺威脅者的情緒已經失控，就要馬上去找能約束得了他的人幫忙，如流氓怕警察，而不要採取拖延戰術，拖得越久，處境就越危險。

因爲威脅者只要有成功經驗，攻擊的驅力就會被增強，「小威脅」很容易變成「大威脅」，爲了對威脅者產生牽制的力量，務必向外取得助力，儘可能的大量曝光，讓眾人知道他的威嚇行爲，譬如說，到警察局報案，讓威脅者想要攻擊你時，會想到連帶的後果，多少有些顧忌，才能讓他們降低威脅恐嚇行爲。

換個說法：學著把「威脅」轉為「感受」

對威脅者而言，恐嚇是既有效又好用的方式，可以馬上滿足自己的需要，讓別人乖乖照著自己的話去做。因此，當威脅者嘗過恐嚇別人得到的好處後，往往會捨不得改變這樣的說話方式，或試用其他說話方式無效，立刻就想再度恐嚇威脅對方。

想要改變威脅的說話方式，不妨先探索背後的原因：何以會這樣說？說了之後希望得到什麼結果、好處？了解自我的內在需求，才有可能產生改變的動力。

威脅者最愛用的說話方式：「如果你不，我就……」

※如果你不愛我，我就死給你看。

※如果你不愛我，我就殺你全家。

改變的方法是，學著把「威脅」轉爲「感受」：如果看不到你，我會很擔心，以爲你不愛我了。

然後再提出具體可行的溝通管道，以及解決辦法：我知道自己很沒安全感，可不可以坐下來談談，我現在很需要你的支持與鼓勵。

另一個方法是，讓威脅者體會別人的感受，明白威脅恐嚇的破壞力，清楚了解威脅非但無助於建立關係，反而會破壞雙方關係。

當威脅者能夠坦然面對自己的弱點，誠實說出內心的需要，同時需求也能獲得滿足時，或許可以逐步調整威脅恐嚇的說話方式。

四種「正向引導語言」避免暴力行為

很多人會認爲：「江山易改本性難移」，一旦養成暴力傾向的人格特質，有可能改變嗎？事實上，諮商過程中，我治療過不少發生暴力事件的當事人，只要是自願來諮商的，大部分都有改變的可能性。

通常，我會先了解發生什麼事情引起暴力行爲？

接著，引導當事人覺察自己的身心反應：知道自己快要失控了嗎？大部分的當事人都曉得自己的暴力前兆，譬如，心跳會變快、覺得身體熱熱的，雙手會握拳……

這個時候，就可以跟他討論：如何自我控制暴力行爲？

多年諮商經驗，我發現下面這四種正向引導方法，可以有效避免暴力行爲。不過，下面這些方法比較適合有暴力傾向的人自己提出來，如果是被傷害的一方提出建議，有時候反會刺激他們。

第一種：暫時迴避技巧

爲了避免情緒失控，發生傷人傷己的暴力行爲，只要開始感覺情緒上來，就可以採取暫時迴避技巧。

清楚具體說出自己的狀態：「我感覺自己的情緒快要失控了，所以我要暫時迴避，到公園走一走，一個小時候回來，我們再好好談一談。」先離開現場，保持安全距離。

等到迴避的時間到了，再回來面對伴侶，跟對方討論，是否要針對問題進行溝通？還是要採取另一次暫時迴避。

第二種：從事建設性活動，或是轉移注意力

除了暫時迴避，也可以去做些有建設性的活動，或是轉移注意力去做自己喜歡的活動，譬如，運動一下，看看影片。

第三種：與自己進行一些正向、積極的內在對話

可以跟自己說：

「我很生氣，但是我依然可以控制自己。」

「他有權利這麼說、這麼做，但我仍然可以保持冷靜。」
「我不在乎，不要放在心上。」
「沒關係，冷靜下來再說。」
「事情會解決的，不急於一時。」
「暴力不能解決問題。」

在諮商的過程中，我常會帶領當事人念一遍上面這些正向、積極的引導語，並且詢問他們：哪一句對控制自己的暴力行爲最有效？結果發現，「暴力不能解決問題」這句話最有效。

■第四種：練習正向的情緒表達方式

由於很多有暴力傾向的人，都很少表達自己的情緒，也因此，當情緒沒有出口的時候，就有可能會轉成肢體暴力。如果可以學會正向表達情緒，他們就不需要透過暴力表達情緒。這裡提供一個很容易上口的表達情緒方式，只要練習造句就可以了。

正向情緒表達方式：

當你做了＿＿＿＿＿＿＿＿＿＿（具體行爲）

我感覺到＿＿＿＿＿＿＿＿＿＿（情緒的形容詞）

因爲我＿＿＿＿＿＿＿＿＿＿（說明立場）

所以我希望＿＿＿＿＿＿＿＿＿＿（表達一個需求）

舉一個情侶間很常引發肢體拉扯暴力的例子來說：

當你沒有跟我說一聲，就直接拿我的手機來看，而且邊看邊質問我：這個人是誰。（對方的具體行爲）

我感覺到很不被尊重。（自己的情緒感受）

因爲我需要有被尊重的感覺。（說明立場）

所以我希望看我手機前，先跟我講一下。（表達自己的需求）

當有暴力傾向的一方開始練習表達情緒，伴侶也可以學習傾聽回饋，形成正向的溝通循環。

從說話洞察人心

作　者—林萃芬
主　編—林菁菁
企劃主任—葉蘭芳
封面設計—楊珮琪、林采薇
內頁設計—李宜芝

總編輯—梁芳春
董事長—趙政岷
出版者—時報文化出版企業股份有限公司
108019 台北市和平西路三段 240 號 3 樓
發行專線—(02)2306-6842
讀者服務專線—0800-231-705・(02)2304-7103
讀者服務傳眞—(02)2304-6858
郵撥—19344724 時報文化出版公司
信箱—10899 臺北華江橋郵局第 99 信箱
時報悅讀網—http://www.readingtimes.com.tw
法律顧問—理律法律事務所 陳長文律師、李念祖律師
印　刷—勁達印刷股份有限公司
初版一刷—二〇二二年四月十五日
初版八刷—二〇二四年八月二十二日
定　價—新臺幣四二〇元
（缺頁或破損的書，請寄回更換）

時報文化出版公司成立於一九七五年，
並於一九九九年股票上櫃公開發行，於二〇〇八年脫離中時集團非屬旺中，
以「尊重智慧與創意的文化事業」爲信念。

從說話洞察人心 / 林萃芬著 . -- 初版 . -- 臺北市 : 時報文化出版企業股份有限公司 , 2022.04
面；　公分

ISBN 978-626-335-179-0(平裝)

1.CST: 口才 2.CST: 說話藝術 3.CST: 應用心理學

192.32　　111003592

ISBN 978-626-335-179-0
Printed in Taiwan